현직 역사 교사들이 '제대로' 쓴 알차고 재미있는 한국사!

머리 아프게 공부해야 하는 역사가 아닌, 즐기면서 푹 빠져 읽을 수 있는 역사책. 풍부한 사료를 씨줄과 날줄로 삼아 옛사람들의 삶을 생생하게 되살려 낸 점이 돋보인다. 아이들이 진실한 이야기의 속맛을 느끼며, 역사 속으로 빠져들기를 기대한다.
— 김태웅 서울대학교 역사교육과 교수

아이들의 독서 습관을 잘 아는 선생님들이 '제대로 된' 역사책을 펴냈다. 참 쉽다. 그러면서도 왜 역사가 우리의 삶과 성장에 필요한지를 몸소 느끼고 체험할 수 있게 써 놓았다. 《제대로 한국사》와 함께 우리 역사를 마음껏 탐구해 보자. 두둥두둥~ 자, 출발!
— 장용준 함평고등학교 교장

아이들이 읽을 역사책은 무엇보다도 내용이 아이들에게 딱 맞는 제대로 된 것이어야 한다. 학교 현장에서 '살아 있는 역사 교육'을 실천해 온 전국역사교사모임 선생님들이 가꾼 한국사 텃밭이라면 우리 아이들이 '제대로 자랄 수 있는' 놀이터이자 우리 역사를 '제대로 느낄 수 있는' 배움터로 충분할 것이다.
— 전병철 공주생명과학고등학교 교사

역사는 이야기다. 사람들이 있고, 사람들이 한 일이 있고, 그 사이 시간이 흘러간다. 《제대로 한국사》는 지금껏 이 땅에 살았던 사람들의 삶을 끊어지지 않는 이야기로 이어 놓았다. 누구든지 제 삶을 거짓 없이 돌아볼 수 있어야 앞날을 희망으로 그릴 수 있다. 이 책을 읽는 아이들이 만들어 갈 세상이 희망적인 까닭이다.
— 김강수 수동초등학교 교사, 전국초등국어교과모임 회장

왕이나 위인들만의 역사가 아닌 보통 사람들의 이야기도 담겨 있는 역사책. 역사에 등장하는 인물들의 마음과 생각을 이해할 수 있으며, 초등 역사에서 꼭 알아야 하는 인물사, 생활사, 문화사 등 한국사를 '제대로' 담고 있다. 재미있으면서 가볍지 않고, 진지하면서도 무겁지 않다.
— 문재경 부산효림초등학교 교사, 전국초등사회교과모임 공동 대표

우리 역사의 큰 흐름을 재미있는 내러티브로 이어 가고 있는 책이다. 관점은 믿음직하고 이야기는 유려하며 내용은 알차다. 아이들에게 권할 만한 '제대로 된 이야기 한국사' 책이 나와 반갑다. 내 아이에게 꼭 읽히고 싶다.
— **이성호** 서울배명중학교 교사, 역사교육연구소 어린이분과 연구원

아이들은 역사에서 오늘을 사는 우리의 삶을 비판적으로 읽어 낼 수 있어야 한다. 왕과 영웅의 역사 이야기 속에서도 언제나 약자였던 백성의 힘을 통찰할 수 있는 눈을 가져야 한다. 이 책은 교과서가 빠뜨린 '역사를 바르게 보는 눈'을 아이들에게 제공한다.
— **박진환** 논산내동초등학교 교사

'읽는 재미'와 '감동'을 선사하는 《제대로 한국사》는 교과서의 보조 교재로 사용하고 싶을 정도로 역사 고증에 충실하다. 이 책을 읽은 아이들은 역사는 암기가 아니라 그 시대를 살아간 사람들이 만들어 간 이야기이고, 역사를 배우는 의미는 깊이 있는 통찰력을 얻기 위해서라는 사실을 자연스럽게 깨닫게 될 것이다.
— **이어라** 의정부여자고등학교 교사

어릴 때 누구나 한번쯤 가져 봤던 궁금증. 내 아버지의 아버지, 아버지의 아버지는 어떤 사람이었을까? 내 어머니의 어머니, 어머니의 어머니는 어떻게 살았을까? 그 질문에 대한 가장 정성스럽고 현명한 답이 들어 있는 책. 박물관의 유물로만 여겨지던 역사를 살아 숨쉬는 사람의 이야기로 들려주는 책이다.
— **김선정** 남양주월문초등학교 교사

시간의 흐름을 놓치지 않고 우리 역사의 시작부터 지금에 이르기까지를 다룬 《제대로 한국사》는 '살아 있는 이야기'로 다가온다. 이 책을 만나는 사람 모두가 지나온 길을 돌아보는 용기와 앞길을 내다보는 웃음을 얻을 것이라 믿는다.
— **윤승용** 남한산초등학교 교사

전국역사교사모임
선생님이 쓴
제대로
한국사
4

전국역사교사모임
선생님이
쓴

제대로
한국사

4

세계 속의 코리아

전국역사교사모임 지음

초대하는 글

역사책을 읽으며 웃고 우는 너희를 보고 싶다

《제대로 한국사》를 막 펼쳐 든 아이들아! 이 책은 우리나라 역사에 대해 쓴 책이란다. 이 책을 쓴 우리는 모두 학교에서 역사를 가르치는 선생님이면서, 너희 같은 아들딸을 둔 부모이기도 해. 너희는 '역사', '역사책'이라고 하면 어떤 생각이 떠오르니?

민경 아, 또 역사책이에요? 엄마가 들이미는 역사책은 재미없고 지루한데……. 나는 '해리 포터' 시리즈 같은 소설책이 좋아요. 한번 읽기 시작하면 점점 빠져들고, 뒷이야기가 궁금해서 견딜 수가 없거든요. 수많은 사람의 삶에 대한 이야기를 읽고 나면 감동도 밀려와요. 하지만 역사책은 별로 재미도 없고 감동도 주지 않으면서 괜히 폼만 잡아요. "이것도 알아야 한다.", "저것도 중요하다."라며 외워야 할 것만 죽 늘어놓고 있어요.

역사가 재미없다고? 그래 맞아. 너희가 그렇게 생각하는 것도 무리는 아니지. 역사 속 수많은 사람의 사는 이야기 대신 이름만 남고, 무슨 뜻인지도 모르고 외워야 할 제도만 남은 역사책은 재미없는 게 당연하단다. 하지만 역사야말로 수많은 사람이 얽히고설키면서 만들어 간 가장 웅장하고 아름다운 이야기, 가장 극적인 울트라 수퍼 드라마란다.

우리는 옛사람들의 삶과 이야기가 묻어나는 살아 있는 역사를 들려주고 싶었단다. 딱딱한 제도와 이름에 숨결을 불어넣어서 너희와 생생하게 만나게 하고 싶었어. 그래서 우리는 옛사람들이 남긴 책과 유물, 유적, 다양한 흔적 등을 열심히 살펴보았단다. 이러한 것들을 '사료'라고 하지. 옛사람들의 숨결과 생각이 담긴 사료들은 아주 생동감 있고 진실한 이야기로 다시 태어나서 너희에게 그 시대 사람들의 삶을 실감 나게 보여 줄 거야.

형주 나는 역사책을 좋아해요. 역사책을 읽으면 새롭게 배우는 게 많거든요. 최초의 근대적 조약은 강화도 조약이고, 최초의 근대적 병원이 광혜원이라는 것도 알아요. 대단하죠? 그런데 도대체 '근대적'이라는 말이 무슨 뜻이에요?

형주는 아는 것이 정말 많구나! 그런데 역사 공부는 퀴즈 대회를 준비하는 것과는 다르단다. 역사를 좋아하고 역사책을 많이 읽었다고는 하지만, 역사라는 커다란 그림을 보지 못하는 친구들도 많단다. 길을 갈 때 보도블록의 모양을 자세히 들여다보느라고 내가 어디로 가고 있는지 보지 못하는 경우처럼 말이야.

시간의 흐름을 칼로 자를 수 없듯이 역사도 계속 이어진단다. 한 사건은 다른 사건을 낳고, 그 사건은 또 다른 사건으로 이어지고……. 눈에 보이지 않는 작은 변화들이 모여서 어느덧 완전히 다른 모습의 사회가 만들어지기도 했단다. 그 속에서 사람들이 어려움을 이겨 내기도 하고, 길이 기억될 만한 멋진 문화유산을 남기기도 했지. 이렇게 큰 그림을 보듯 역사를 만나면, 어느덧 사회를 읽는 눈과 사람을 보는 눈을 키울 수 있단다.

> **우형** 우리나라 역사는 갑갑해서 싫어요. 피라미드나 베르사유 궁전처럼 크고 화려한 유적도 없고, 땅덩이도 좁고, 맨날 다른 나라한테 얻어터지기나 하고. 우리나라 역사를 읽으면 우울해져요. 우리가 일본보다 먼저 서양 문물을 받아들였다면, 일본의 식민지가 되지도 않았을 테고, 만주 땅도 다 우리 땅이 되었을 텐데 말이죠.

우리가 힘이 세서 다른 나라에 쳐들어갔다면 자랑스러운 역사일까? 자랑스러운 역사, 빛나는 역사는 땅덩어리의 크기나 전쟁의 승리로 정해지는 것이 아니란다. 《제대로 한국사》를 읽다 보면, 우리나라 사람들이 얼마나 열심히 씩씩하게 살아왔는지를 알게 될 거야. 끊임없는 전쟁 속에서도 굳건히 가꾸어 온 희망, 온갖 위기와 역경을 헤쳐 나온 지혜, 좌절을 딛고 일어선 용기를 배울 수 있을 거야. 그러면서 너희는 분명 우리나라 역사를 사랑하게 될 거야.

너희가 만들어 갈 세상은 우리가 살아온 지난날보다 더 나은 모습이기를 바란다. 미래를 만들어 가는 데 과거를 돌아보는 것만큼 도움이 되는 것도 없지. 우리는 《제대로 한국사》가 너희에게 그런 도움을 주었으면 하고 간절히 바란단다.

지금부터 우리 조상들이 살아온 5000년의 이야기, 꿈을 꾼 사람들, 희망을 노래한 사람들, 성공한 사람들과 좌절한 사람들, 실패한 듯 보였지만 역사 속에서 살아난 사람들의 이야기를 들려줄게. 그 속에서 너희가 주인공이 될 멋진 미래를 꿈꾸어 보렴.

2015년 10월
글쓴이들

차례

초대하는 글 • 4

1 세계 최강 몽골군에 맞서다

새로운 수도, 강화 • 12
백성들의 대몽 항쟁 • 22
전쟁이 남긴 것 • 34
세계 속의 한국인 성리학을 소개한 안향 • 44
문화재를 찾아서 고려의 불화 • 46

2 고려의 시련과 새로운 기회

몽골 제국의 끝에 선 고려 • 50
원나라와 고려, 오고 간 사람들 • 68
성리학과 신진 사대부 • 78
문화재를 찾아서 경천사 10층 석탑을 찾아서 • 88

제대로
한국사
4

3 새로운 시대를 준비하는 사람들

공민왕의 개혁 정치 • 92
어지러운 시대, 떠오르는 새 세력 • 108
고려가 품은 세계 문화 • 124
만약에 목화씨를 들여오지 않았다면? • 136

연표 • 138
사진 자료 제공 • 141
찾아보기 • 142

1230년
1231년 몽골, 1차 침입
1232년 몽골, 2차 침입
　　　　 강화도로 수도 옮김
1234년 금속 활자로 《상정고금예문》 간행
1236년 팔만대장경 만들기 시작

1250년
1258년 최씨 정권 붕괴
1259년 고려, 몽골에 항복

1

세계 최강 몽골군에 맞서다

1280년
- **1280년** 정동행성 설치
- **1281년** 고려와 원 연합군, 2차 일본 정벌
- **1285년** 일연, 《삼국유사》 지음

1270년
- **1270년** 개경 환도
- **1273년** 삼별초 진압
- **1274년** 고려와 원 연합군, 1차 일본 정벌

새로운 수도, 강화

몰려오는 몽골 군대

13세기 초, 동아시아에 폭풍이 몰아치기 시작했다. 몽골 초원에서 시작된 이 폭풍은 순식간에 아시아를 휩쓸고, 전 세계를 삼켜 버릴 기세였다. 칭기즈 칸의 몽골 군대는 막강한 군사력으로 세계를 지배하려고 했다.

 몽골족은 중앙아시아를 떠돌아다니며 말과 양을 길러 생활하는 유목 민족이었다. 부족 단위로 뿔뿔이 흩어져 살면서 통일을 이루지 못하고 요나라나 금나라의 지배를 받아 왔다. 칭기즈 칸은 이러한 몽골족을 하나로 통합하고 강력한 기마병을 앞세워 세계를 정복하기 시작했다. 칭기즈 칸의 후계자들은 순식간에 중앙아시아를 휩쓸고 이란을 거쳐 바그다드를 정복했고, 금나라와 남송을 무너뜨려 중국을 차지했다. 유럽까지 쳐들어간 몽골군은 러시아를 거쳐

헝가리와 폴란드까지 짓밟아 놓았다. 세계를 휩쓰는 몽골의 폭풍에서 고려도 벗어날 수 없었다.

1218년, 몽골군은 처음 고려에 들어왔다. 거란족을 뒤쫓다 고려 국경까지 들어온 몽골군은 고려와 형제 관계를 맺고 돌아갔다. 몽골군은 거란족이나 여진족이 그랬듯이 중국 대륙을 정복하기에 앞서 고려의 항복을 받아 놓으려고 했다. 다른 점이 있다면 몽골군은 자기가 정복한 지역을 완전히 짓밟는다는 것이었다. 그들이 공격한 모든 도시와 마을은 흔적도 없이 사라졌다. 서아시아의 바그다드에서는 하루 사이에 수십만 명이 살해당하기도 했다. 몽골군은 죽은 사람의 머리뼈로 탑을 쌓아 본보기로 삼았다.

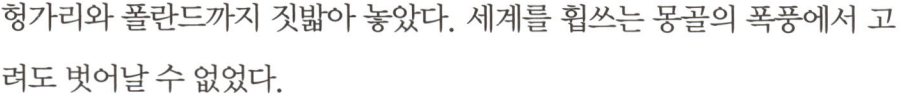

어느 날 칭기즈 칸의 뒤를 이은 오고타이가 살리타이를 불렀다. 살리타이는 거란을 정복한 장군이었다.

"나는 다른 장군들과 함께 금나라를 정복하러 갈 것이다. 내가 너에게 3만 명의 군사를 줄 테니 고려로 가라. 우리는 금나라와 고려를 동시에 정복할 것이다.

반항하는 자는 살려 두지 말고, 항복하면 용서하도록 해라. 고려는 작은 나라이지만, 거란도 여진도 정복하지 못한 나라이니 얕보지 않도록 해라."

"오고타이 칸이여! 걱정하지 마십시오. 거란을 단숨에 해치워 버린 저, 살리타이가 아닙니까. 고려는 제 상대가 못 됩니다. 단숨에 무찌르고 돌아오겠습니다."

1231년 8월, 고려는 지금까지 지구상에 존재한 군대 가운데 가장 강력하고 가장 잔인한 군대인 몽골의 침략을 받게 되었다.

강감찬 장군이 거란군을 물리쳐 역사에 기록된 압록강 어귀의 귀주성에서는 몽골군의 침략을 맞아 다시 한 번 위대한 전투가 벌어지고 있었다. 주변의 성들이 모두 짓밟힌 가운데 귀주성에서는 박서, 김경손, 송문주 등 여러 장군이 군사를 모아 방어 태세를 갖추고 있었다.

"지금 몽골군이 몰려오고 있다. 너희 가운데 나라를 위해 한몸 바칠 용기 있는 자가 누구냐? 나와 함께 결사대를 만들어 몽골군을 치러 갈 자는 앞으로 나오라."

장군 김경손의 말에 군사들은 모두 무릎을 꿇고 엎드린 채 꼼짝도 하지 않았다. 사람 고기를 먹고, 사람 기름을 짜서 불을 붙인다는 소문까지도는 몽골군을 치러 나간다는 것은 죽으러 가는 것과 다름없었다.

"장군님, 저희가 가겠습니다."

자신과 함께 7일을 굶어 가며 몽골군과 싸우다 겨우 살아 돌아온 12명의 병사였다. 김경손은 12명의 결사대를 이끌고 성문을 나섰다. 저 멀리 검은 깃발을 휘날리며 맹렬히 달려오는 몽골군이 보였다. 김경손은 침착하게 활을 겨눴다.

몽골 제국의 최대 영역
날쌘 기마병을 앞세운 몽골족은 단숨에 아시아를 휩쓸고 유럽에 이르는 거대한 제국을 세웠다.

"처음 한 방으로 기선을 잡아야 한다."

화살이 정확히 깃발을 든 몽골군을 거꾸러뜨리자, 12명의 결사대는 함성을 지르며 뛰어나갔다. 수백 명의 몽골군을 상대로 그들은 신들린 듯 싸웠다. 죽기를 각오하니 두려울 것이 없었다. 그때 몽골군의 짧은 화살이 김경손의 팔꿈치를 꿰뚫었다. 팔에서 피가 철철 흘렀지만 김경손은 흐트러지지 않고 계속 군사들을 독려하며 활을 쏘았다.

"정말 용감한 고려 군사로다. 겨우 13명을 상대로 이렇게 고전하다니. 이대로 계속 가면 우리의 희생이 점점 커질 테니 일단 후퇴하자. 이 치욕은 귀주성을 정복하는 날 수백 배로 갚아 줄 것이다."

몽골군은 귀주성을 버려 둔 채 남쪽으로 내려와 12월에는 개경에 이르렀다. 그 사이 많은 성이 몽골군에게 함락되었다. 고려인은 몽골인의 용맹함과 잔인함에 치를 떨었다.

"자네, 소문 들었나. 산 너머 평주성이 몽골놈들 손에 넘어갔다는군."

"말도 말게. 간신히 도망쳐 온 사람들 이야기를 들으니, 그놈들은 사람이 아니라 지옥에서 온 귀신들이라네."

"성안에 들어와 소든 닭이든 보이는 대로 다 잡아먹고, 사람 죽이기를 재미 삼아 한다지 않나. 아이구 끔찍해."

마을 사람 서너 명만 모여도 몽골군 이야기를 하며 걱정했다. 그러다 정말 몽골군이 쳐들어오면 어떻게 해야 하나 두려워하기도 했다. 몽골군에게 사로잡혀 끔찍한 꼴을 당하느니 차라리 마을 사람 모두가 함께 죽는 경우도 있었다. 그러나 많은 고려인은 자신의 삶과 가족을 지키기 위해 싸우는 쪽을 택했다.

수도를 강화로 옮기다

개경이 포위되자 고려는 몽골군에게 많은 선물을 주며 화해를 청했다. 몽골군은 끝까지 무너뜨리지 못한 귀주성을 내놓으면 공격하지 않겠다는 조건을 내세웠다. 또한 고려의 북쪽 국경에 몽골군을 남겨 놓아 고려의 정치에 간섭하고 몽골에게 해마다 많은 선물을 바치라고 요구했다. 고려가 몽골이 내건 조건을 모두 들어주겠다고 약속하자 몽골군은 물러갔다.

1232년 6월, 고려 조정은 강화도로 수도를 옮기는 문제로 시끄러웠다.

무신 정권의 지배자 최우는 수도를 옮기고 몽골과 싸우자고 주장했다.

"몽골군은 초원에서만 살았기 때문에 물에는 약하다고 들었소. 바다 건너 강화도로 수도를 옮기면 몽골군이 함부로 침략하지 못할 것이오. 강화도는 섬이기는 하나 개경과 가깝고 전국에서 올라오는 세금을 걷는 데도 아무 문제가 없으니 어서 강화도로 옮기는 것이 좋을 듯하오."

그러나 강화도로 수도를 옮기는 데 반대하는 사람도 많았다.

"섬에 몰래 숨어 구차스럽게 시간을 끌자는 것입니까? 몇몇 사람이 섬으로 피해 목숨을 구하면 나라가 지켜진답니까? 이것이 어찌 국가를 이끄는 방법이라고 할 수 있겠습니까? 저는 반대합니다. 차라리 몽골에게 머리를 조아리더라도 백성을 살리고 나라를 보존하는 것이 옳습니다."

유승단은 몽골의 조건을 들어주고 전쟁을 막자고 주장했다. 여러 사람이 웅성거리는 가운데 김세충 장군이 문을 박차고 들어왔다.

"개경은 태조 때부터 200년간이나 지켜 온 우리의 수도입니다. 성도 튼튼하고, 군사와 양식도 넉넉한데 마땅히 힘을 합해 지켜야 할 것입니다. 이곳을 버리고 수도를 옮긴다는 것은 절대 있어서는 안 될 일입니다."

최우는 날카로운 눈빛으로 김세충을 쳐다보았다.

"개경을 지키자고 했나? 그럼, 어떤 방법으로 지킬 것인지 한번 말해 보라. 몽골군을 이길 수 있는 방법을 말해 보란 말이야!"

최우의 호통에 김세충은 아무런 대답도 하지 못했다. 최우는 김세충의 목을 베어 반대 의견을 누르고 강화도로 수도를 옮기겠다고 선언했다.

"개경 안에 있는 관리와 주민들은 20일 안에 강화도로 옮겨 갈 것을 명한다. 이 기간에 옮겨 가지 못한 주민들은 몽골군이 쳐들어오면 알아서

산이나 섬으로 피하도록 하라."

　수도를 섬으로 옮기겠다는 발표가 나자 개경 사람들은 술렁거렸다.

　"우리도 빨리 옮겨 가야 하는 거 아니야? 임금님과 관리들이 강화도로 다 가 버리면 개경을 지킬 필요가 없잖아?"

　"내 아내는 곧 아기를 낳을 것 같아. 그 몸으로 어딜 가겠나."

　"우린 금강산으로 공부하러 간 아들이 오기 전에는 갈 수 없다네. 20일이면 너무 시간이 촉박해."

　"시간이 없어. 서두르지 않으면 강화도로 들어가는 배도 못 탈걸세."

　강화도로 향하는 피란민의 행렬이 이어졌다. 한 손에 어린 아들의 손을 잡고, 등에는 젖먹이를 업은 채 큰 보따리를 머리에 인 아낙네 옆에는 자기 몸뚱이보다 더 큰 짐을 지고 무거운 발걸음을 옮기는 큰딸이 있었다. 피란민들의 머리 위로 장맛비가 쏟아졌다. 거리에는 손을 놓친 아이들의

이름을 목이 쉬도록 부르는 부모들과 엄마를 잃어버리고 헤매는 아이들로 넘쳐 났다. 아픈 다리 때문에 고통스러운 숨을 내쉬는 노인들 옆으로 말과 소가 끄는 수레들이 지나가고 있었다. 바로 최우의 재산을 나르는 수레였다. 모두 100대가 넘는 최우의 수레 행렬은 끝도 없이 이어졌다.

많은 사람이 개경에서 강화도로 옮겨 갔지만, 좁은 섬에 모든 백성이 살 수는 없었다. 최우는 육지에 남은 백성들에게 알아서 섬이나 산으로 피하라고 했다. 어디로 어떻게 피란을 가야 할지, 무엇을 먹고 살아야 할지, 얼마 후면 돌아올 수 있을지 백성들은 아무것도 알 수 없었다.

왕을 비롯한 권력자들은 모두 떠나 버렸고, 군대도 이들을 지키기 위해 떠나 버렸다. 어떤 사람들은 당장 먹을 것을 준비해 산으로 들어갔고, 어떤 사람들은 적과 맞서 싸우겠다며 주먹을 불끈 쥐었다. 하지만 백성 대부분은 어쩔 줄 모르고 그저 자기 집을 지키고 있었다.

강화에서의 삶

강화도에 자리 잡은 최우의 새집에서 풍악 소리가 그윽하게 울려 퍼졌다. 1000명이나 되는 악공들이 잣나무와 소나무로 단장한 정원에서 아름다운 가락을 연주하고 있었다. 최우는 왕을 모시고 누각 높은 곳에 앉았다. 누각 둘레에는 화려한 연등을 달아 밤을 밝혔고, 커다란 잔칫상에는 온갖 산해진미가 가득했다. 최우는 아름다운 음악 소리와 화려한 잔칫상에 흡족한 듯 술을 한잔 들이켜며 수염을 쓰다듬었다.

노랫소리와 풍악 소리가 온 강화도에 울려 퍼졌다. 그 모습을 바라보는 강화도 주민들의 속은 부글부글 끓어올랐다. 강화도는 한꺼번에 몰려든 수십만 명의 사람들로 북적거렸다. 궁궐과 관청이 들어섰고, 관리들이 살 집과 시장 거리도 생겨났다. 부족한 땅을 넓히기 위해 얕은 바닷가에 흙을 쌓는 간척 사업이 시작되었다. 덕분에 강화도는 이전보다 훨씬 넓어졌지만 강화 주민의 삶은 고달파졌다. 최우는 수십 리나 되는 자기 집 정원을 꾸민다며 육지에서 좋은 나무를 옮겨 심게 했는데, 나무를 옮기다 물에 빠져 죽는 사람이 많았지만 상관하지 않았다.

"강화도 사람들이 정원의 나무만도 못하다는 거야, 뭐야?"

"굴러 온 돌이 박힌 돌 뺀다고 이게 무슨 봉변인지…… 왜 하필 강화도로 수도를 옮기냔 말이야."

사람들의 불만에도 아랑곳하지 않고 강화도는 점점 수도의 모습을 갖춰 갔다. 고려가 사상 최대의 전쟁을 겪고 있는 동안 강화에서는 일상적인 삶이 펼쳐지고 있었다.

강화도 옛지도
회색으로 표시된 부분은 고려 후기부터 시작한 간척 사업으로 넓어진 부분이다.

백성들의 대몽 항쟁

몽골과 싸우며 고려를 지킨 사람들

강화도와 달리 육지 사람들은 몽골군의 침략을 그대로 받을 수밖에 없었다. 고려가 항복하겠다는 약속을 지키지 않고 수도를 옮겼다는 소식을 들은 몽골은 다시 대규모 군대를 이끌고 쳐들어왔다.

강화의 고려 정부에서는 장수나 관리를 파견해서 전투를 도왔지만, 몽골군과 주로 맞서 싸운 사람들은 대부분 평민과 천민들이었다. 자신의 가족과 집을 지키겠다는 이들의 의지는 대단했다. 몽골군이 처음 침략했을 때도 초적이라고 불린 농민 군대가 앞장서서 몽골군과 싸우겠다고 나섰다. 이들은 무신 정권의 횡포를 견디다 못 해 반란을 일으키고 산적 노릇을 하던 사람들이었다. 하지만 나라가 위기에 처하자 스스로 국가의 군대가 되어 외적과 맞서 싸웠다. 충주성에서는 몽골군이 쳐들어오자 관리들은 모두 달아나 버렸고, 노비만 남아서 성을 지켜 내기도 했다.

2차 침략 때도 마찬가지였다. 1차 침략을 이끈 살리타이가 다시 국경을

충주성
1231년(고종 18), 몽골의 1차 침입 때 노비와 평민들이 몽골군에 대항해서 성을 지켰다.
1253년 몽골의 5차 침입 때도 김윤후가 중심이 되어 다시 몽골군을 막아 냈다.

넘어왔다. 살리타이는 개경까지 파죽지세로 내려왔다. 수도가 강화도로 옮겨 간 뒤라 훨씬 쉽게 쳐들어올 수 있었다. 개경을 함락하고 남경(오늘날의 서울)을 손에 넣은 몽골군은 처인성(오늘날의 용인) 부근에 이르렀다. 처인성에는 일반 백성들보다 천대받는 부곡 사람들이 살았다.

 승려 김윤후가 이들을 이끌고 처인성을 지키고 있었다. 부곡 사람들은 몽골군의 공격이 두려웠지만 똘똘 뭉쳐 자신들의 터전을 지키고자 했다. 몽골군 총사령관 살리타이는 작은 처인성을 만만하게 보았다. 하지만 생각처럼 쉽게 무너지지 않자 직접 군대를 이끌고 나왔다. 그때 어디선가 날아온 화살이 살리타이를 명중했다. 몽골군이 무슨 일이 일어났는지

처인성 전투
처인성은 흙성인 데다 그다지 높지 않아 작은 동산과 같았다. 이 성에서 김윤후와 처인 부곡 사람들이 몽골군을 물리치는 장면을 담은 기록화이다.

알아채기도 전에 살리타이는 정신을 잃고 쓰러져 그대로 세상을 떠났다.
  살리타이는 몽골에서도 용감하기로 이름 높았던 장수로 산천초목이 그 이름에 벌벌 떤다는 말이 있을 정도였다. 그 살리타이가 고려의 작은 성, 그것도 정규군이 아닌 일반 백성과의 싸움에서 허무하게 전사해 버린 것이다. 총사령관을 잃은 몽골군은 서둘러 돌아가 버렸다. 몽골군의 2차 침략을 막아 낸 것은 처인 부곡 사람들의 힘이었다.
  몽골군은 모두 여섯 차례에 걸쳐 고려를 침략했다. 그중 마지막 6차 침입 때 가장 큰 피해를 입혔다. 이때 몽골은 금나라를 무너뜨리고 아시아와 유럽에 걸쳐 거대한 제국을 건설하고 있었다. 마지막 남은 목표인 남송을 공격하기 전에 고려의 항복을 받으려고 철저하게 고려를 짓밟았다.

충주에서 몽골군을 두 차례나 막아 내기도 했지만, 고려는 철저하게 파괴당했다. 몽골군에게 잡혀 노비로 끌려간 사람이 20만 명이 넘었고, 죽은 사람의 수는 셀 수조차 없었다. 오랜 전쟁으로 굶어 죽는 사람들의 해골이 들판에 굴러다녔고, 먹을 식량이 부족해 아이를 내다 버리는 부모도 있었다.

고려 사람들은 몽골군의 악랄함에 치를 떨었고, 아무런 대책 없이 전쟁을 고집하는 최씨 정권을 비난했다. 몽골은 최씨 정권을 인정하지 않았기 때문에 최씨 정권은 백성들의 희생은 못 본 체하며 끝까지 전쟁을 고집했다. 1258년, 항복을 주장하는 사람들이 최씨 정권을 무너뜨렸다. 30년간 계속된 고려의 처절한 항쟁이 막을 내리는 순간이었다.

몽골로부터 독립을 보장받다

오랫동안 전쟁을 치르면서 고려뿐 아니라 몽골도 조금씩 지쳐 갔다. 몽골군은 세계를 휩쓸며 거대한 제국까지 모두 무너뜨렸지만 고려처럼 끈질기게 저항하는 나라는 보지 못했다. 처음에는 다른 나라들처럼 완전히 멸망시키려고 했지만 항복만 받기로 했다. 몽골은 고려가 수도를 다시 개경으로 옮기고 국왕이 직접 몽골에 와서 조공을 바치면 침략하지 않겠다고 했다. 하지만 고려는 왕이 직접 몽골로 가는 것은 너무나 위험하다며 받아들이지 않았다.

　결국 몽골은 왕 대신 태자가 조공을 바치러 오면 공격을 그만두겠다고 제안했다. 그래도 고려는 한참을 망설였다. 보다 못 한 사람들이 반란을 일으켜 최씨 정권을 무너뜨렸다. 최씨 정권이 무너지고 나서야 태자는 몽골로 떠날 수 있었다. 몽골은 약속대로 고려에 대한 공격을 멈췄다. 하지만 일이 잘 풀리지 않으면 태자는 목숨을 잃고 몽골은 다시 고려를 공격할 것이 뻔했다.

　고려의 운명을 한 몸에 진 태자가 몽골에 도착했다. 그런데 항복을 받아야 할 몽골의 대칸 몽케가 병으로 사망했다는 소식이 전해졌다. 다음 대칸 자리를 놓고 몽케의 동생인 쿠빌라이와 아리크부카가 대립하고 있었다. 태자는 어느 쪽에 가서 항복할지 신중하게 결정해야 했다.

태자는 쿠빌라이를 선택했다. 고려 태자의 방문을 받은 쿠빌라이는 매우 기뻐했다.

"그렇게 오랫동안 공격해도 항복하지 않은 고려의 태자가 나에게 오다니, 이거야말로 내가 대칸이 된다는 하늘의 계시가 아닌가!"

쿠빌라이는 고려의 요구 조건을 모두 들어주었다. 고려의 독립을 보장해 주고, 풍습을 지킬 수 있게 해 주었으며, 고려인을 괴롭힌 몽골인에게 벌을 주도록 했다.

또 대칸의 딸과 고려 태자를 결혼시키기로 했다. 고려는 비싼 대가를 치르기는 했지만 독립과 자주성을 약속받았다. 쿠빌라이는 몽골이 고려를 정복하지 못했음을 인정했다. 하지만 고려는 몽골에게 조공을 바치고 몽골의 간접 통제를 받아야 했다.

쿠빌라이는 몽골 제국의 대칸이 되어 송나라를 무너뜨리고 중국 전체를 차지했으며, 원나라를 세워 원 세조가 되었다. 넓은 몽골 제국은 다섯으로 나뉘었고, 그 가운데 원나라가 중심이 되었다.

개경으로 돌아간 사람들, 강화에 남은 사람들

몽골에 있던 태자는 아버지 고종이 세상을 떠났다는 말을 듣고 서둘러 고려로 돌아올 채비를 했다. 쿠빌라이를 만나고 돌아오는 태자의 마음은 복잡했다. 막상 몽골에 가 보니 생각했던 것만큼 몽골인이 나쁘지 않았기 때문이다. 예의를 갖춰 자신을 맞아 주었고, 고려가 내건 조건도 순순히 들어주었으며, 어려운 일이 있으면 도와주겠다고 약속까지 했다.

오히려 그동안 왕을 무시하며 고려를 마음대로 휘둘러 온 무신들이 더 큰 적으로 느껴졌다. 비록 최씨 무신 정권이 무너졌다고 하지만 왕이 권력을 되찾은 것은 아니었다. 최씨 정권을 무너뜨린 다른 무신에게 권력이 옮겨 간 것뿐이었다.

'저들이 내가 돌아가서 왕이 되도록 기다려 줄지 모르겠군. 게다가 지금 실권을 쥐고 있는 김준이란 자는 원래 최씨 집안의 노비였는데, 순순히 개경으로 돌아오겠다고 할까?'

고려로 돌아온 태자는 새로운 왕, 원종이 되었다. 원종은 몽골의 도움을 받아 김준을 제거하고, 개경으로 돌아가겠다고 선언했다. 무신 정변이 일어난 지 100년 만에 왕의 뜻대로 나라의 중요한 일을 결정한 것이다.

1270년 6월, 강화에서는 40년 만에 개경으로 돌아가기 위해 짐을 싸는 사람들의 손길이 바빠졌다. 짐을 배에 싣고 가족들을 챙기느라 정신이 없는데, 어디선가 함성이 들려왔다.

"몽골군이 다시 쳐들어와 사람들을 마구 죽이고 있다. 나라를 지키려는 사람들은 모두 모여라! 육지로 나가면 다 죽는다!"

"아니 이게 무슨 소리여? 짐 다 싸서 배에 실었는데, 어쩌라고?"

"삼별초의 대장 배중손이 난을 일으키려나 봐. 개경으로 돌아가려는 걸 계속 반대했잖아."

"삼별초야 최씨 집안과 깊은 인연을 맺은 군대잖나. 그러니까 전쟁이 끝나면 벌을 받을까 봐 그런 거 아냐?"

"그 치 떨리는 몽골놈들과 끝까지 싸우겠다니, 의지가 가상하군그래."

어떤 사람들은 함성이 나는 곳으로 달려갔고, 어떤 사람들은 서둘러 배를 타기 위해 달려갔다. 삼별초 군사들은 무기고를 열어 무장을 하고 배에 탄 사람들에게 내리라고 소리쳤다.

삼별초가 몽골과 한판 전쟁을 준비하고 있을 때 몇몇 사람이 배중손을 찾아왔다.

"장군님! 강화도는 육지와 너무 가까워서 아무래도 지키기가 어렵겠습니다. 곧 왕이 군대를 보내 우리를 치려고 하지 않겠습니까? 육지로 돌아가려는 사람들도 막기 어렵고요."

"그렇다면 진도로 근거지를 옮깁시다. 진도는 몽골군이 쳐들어오기 어려운 지역입니다. 또 그곳으로 옮기면 남해안과 전라도 일대를 손에 넣을 수도 있을 것입니다."

진도로 근거지를 옮긴 삼별초는 고려와 몽골 연합군의 공격을 몇 차례 물리쳤지만, 1271년 대대적인 공격으로 결국 패하고 제주도로 쫓겨 갔다.

삼별초는 제주도에 성을 쌓아 방어 태세를 갖추고, 궁궐과 관아를 지어 새 정부를 구성했다. 고려 정부는 몽골군의 도움을 받아 마지막 공격을 준비했다.

삼별초의 항쟁
몽골과 개경 정부에 반기를 든 삼별초는 진도를 중심으로 서해안 지역에 영향을 미쳤으나 제주도에서 진압되었다.

"외적에 맞서 싸우겠다는데, 적의 군대를 끌어들여 우리를 죽이려고 하다니. 도대체 어느 나라 놈이란 말이냐! 삼별초와 뜻을 함께하려는 백성이 이렇게 많은데, 어찌 적에게 머리를 숙일 수 있겠느냐!"

삼별초를 이끄는 김통정이 고려와 몽골 연합군을 이끌고 온 김방경을 향해 소리를 질렀다.

"왕명을 거역한 데다 백성들의 재산을 빼앗아 가고, 나라의 곡식을 털어 가는 놈이 무슨 할 말이 있단 말이냐! 네 목을 바칠 준비나 해라!"

용장 산성 궁궐 터
삼별초가 강화도에서 진도로 옮겨 항거하기 위해 전라남도 진도에 쌓은 성안의 궁궐 터이다. 삼별초는 진도 부근의 해상권을 장악하고 대항했지만 다시 제주도로 옮겨 갔다.

항파두리성
삼별초군이 제주도에 쌓은 성으로, 지금은 흙성이 부분적으로 남아 있다. 1273년(원종 14) 김통정 장군과 삼별초 대원들이 마지막까지 몽골에 대항해 싸운 성이다.

김방경도 지지 않고 받아쳤다. 곧이어 처절한 전투가 벌어졌다. 마지막까지 몽골에 저항했던 삼별초 군사들의 피가 제주도 땅을 물들였다. 마지막 한 사람이 숨을 거둘 때까지 그들은 싸움을 멈추지 않았다. 삼별초의 난은 이렇게 진압되었다. 하지만 외세에 머리를 숙이지 않겠다는 그 기개는 사람들의 마음에 깊이 새겨져 오랫동안 남았다.

효자 김천, 어머니를 찾다

"여보게 김천이! 김천이!"

김천은 자신을 찾는 다급한 목소리에 문밖으로 고개를 내밀었다. 친구 김순이었다. 김순은 편지 한 통을 꺼내 김천에게 건넸다.

"이것 좀 보게. 내가 장에 갔는데, 어떤 사람이 강원도 명주 사람 없냐고 찾더라고. 그래서 내가 여기 있소 했더니, 자기가 원나라에 갔을 때 만난 할머니가 이 편지를 주면서 아들에게 전해 달라고 했다더군. 내가 이야기를 들어 보니 자네 어머니 같아서 이렇게 편지를 받아 왔다네."

깜짝 놀란 김천은 편지를 열어 보았다. 14년 전 몽골군에게 잡혀갔던 어머니가 살아 계신 것이었다.

> 나는 원나라에 와서 남의 집 노비가 되었다. 배가 고파도 얻어먹지 못하고, 추워도 얻어 입지 못한다. 낮이면 밭을 매고, 밤이면 절구질을 한다. 내가 살아 있다는 것을 누가 알까?

김천은 그 자리에 주저앉아 통곡했다. 어머니가 머나먼 남의 나라에서 종살이를 하다니. 당장에라도 달려가 어머니를 모셔 오고 싶었다.

"어머니가 노비가 되셨다니, 다시 모셔 오려면 돈을 마련해야겠군."

여기저기 돌아다니며 돈을 빌린 김천은 원나라에 가겠다고 관청에 신청했지만 허가를 받을 수 없었다. 김천은 원나라에 갈 방법을 애타게 찾았고, 6년이 흘러서야 겨우 원나라에 갈 수 있었다. 원나라에 도착한 김천은 어머니가 종살이한다는 집을 물어물어 겨우 찾아갔다. 하지만 김천은 눈앞에 있는 어머니를 쉽게 알아볼 수 없었다. 어머니는 심한 고생으로

알아볼 수 없을 만큼 늙어 버렸던 것이다. 김천은 어머니를 안고 한참을 울었다. 주인에게 애걸복걸해 은 55냥에 어머니를 찾아 고향으로 돌아온 김천은 못 다 한 효도를 다하리라 마음먹었다.

　김천의 어머니처럼 몽골군에게 끌려간 사람은 20만 명이 넘었다. 그들은 원나라에서 노비로 팔렸다. 노비가 된 가족을 되찾아 오려고 원나라 땅을 헤매는 고려인도 많았다. 어떤 사람들은 그리던 가족을 만나 행복하게 살았지만 어떤 사람들은 끝내 가족을 만나지 못하고 낯선 땅에 뼈를 묻어야 했다. 그저 운명이고 팔자라며 참고 견디기에는 너무 큰 시련이었다.

전쟁이 남긴 것

나라를 지키려는 마음을 팔만대장경에 담다

'부처님의 힘으로 평안을 찾고, 부모님이 극락에서 평안하시길…….'

'무서운 몽골군이 물러가고 평화로운 세상이 오길 기원합니다.'

사람들의 소망과 기원이 하나둘 쌓여 가고 있었다. 모두 대장경을 만드는 데 써 달라며 재산을 기부한 사람의 사연이었다. 몽골군의 침략이 한창이던 1236년, 고려에서는 대장경을 다시 만들기로 했다.

"예전에 거란군이 쳐들어와 임금님께서 남쪽으로 피란 가신 일이 있었습니다. 거란군은 개경에 머물면서 물러가지 않았는데, 임금님이 신하들과 함께 대장경을 만들 것을 맹세하자 스스로 물러났습니다. 어찌 그때에만 거란군이 스스로 물러나고 지금의 몽골군은 물러나지 않겠습니까?"

고려는 외적의 침입을 받아 나라가 위태로울 때마다 대장경을 만들었다. 거란이 침입해 왔을 때도 거란군을 물리치고자 대장경을 만들었다. 이 대장경을 '초조대장경'이라고 하는데, 1232년에 몽골의 공격으로 불타 버렸다. 몽골군을 피해 강화도로 옮겨 간 고려 정부는 사람들의 마음을 하나로 모으고, 부처님의 힘으로 몽골군을 물리치고자 불타 버린 대장경을 다시 만들기로 했다.

불심 깊은 고려인들에게 대장경은 외세의 침입을 막아 주는 방패와 같았다. 부처님께 정성을 다해 기도하면서 그들은 빌고 또 빌었다. 헤어진 가족을 만날 수 있기를, 가족들이 몽골군에게 피해를 입지 않기를, 그리고 몽골군 때문에 세상을 떠난 가족들이 극락에서 다시 태어나기를.

대장경을 만드는 작업은 국가적인 사업이었다. 하지만 고려 정부에는 그만한 재정이 없었다. 집권자였던 최우가 자기 재산을 털었다. 대장경을 만들 책임자인 승려 정안도 재산을 내놓았다. 신도들은 대장경을 만드는 데 비용을 보태거나 글씨를 쓰고 새기는 일에 참가했다.

경판을 새길 나무는 지리산이나 섬, 해안가의 나무를 베어 와 만들었다. 나무들을 적당한 크기로 다듬어 바닷물에 담가 두었다가 소금물로 쪄 내기를 반복했다. 그렇게 하면 나무가 쉽게 썩거나 벌레 먹지 않기 때문이다. 이 과정이 끝나면 다시 그늘에 말려 매끈하게 대패질을 해서 잘 보관해 두었다.

이제 완성된 경판에 글씨를 쓸 차례이다. 경판을 종이에 찍으려면 글씨를 거꾸로 새겨야 했다. 먼저 종이를 깔아 놓고 경전을 써 내려갔다. 줄도 잘 맞춰야 하고 글씨 크기도 고르게 써야 하는 까다로운 작업이었다. 주로 글씨를 잘 쓰는 승려나 귀족이 경전 쓰는 일을 했다. 서로 글씨체를 맞추기 위해 연습도 했다.

다음은 경전을 나무판에 새기는 과정이다. 종이를 경판에 거꾸로 붙인

팔만대장경 장서각
해인사에 보관되어 있는 팔만대장경은 대장경뿐 아니라 경판을 보존하는 장서각도 세계 문화 유산으로 등록되어 있다.

팔만대장경 만드는 과정

❶ 원고 만들기
여러 대장경을 비교하고 검토해서 정확한 내용을 만들고 나면 원고를 쓴다.

❷ 경판에 글자 새기기
원고를 경판에 뒤집어 붙인 후 솜씨 좋은 각수가 글씨를 새긴다.

❸ 대장경 인쇄하기
솔에 먹물을 묻혀 경판에 고루 칠한 다음 종이를 얹고 문지른다. 다 찍은 후 잘못된 글자가 없는지 검사하는 과정도 중요하다.

팔만대장경
부처님의 힘으로 몽골의 침략을 막아 내고 백성의 마음을 모으기 위해 고려가 온 힘을 다해 만들었다.

뒤, 글씨가 없는 부분을 파냈다. 글씨의 아름다운 선을 다치지 않게 하려면 노련한 기술이 필요했다. 한 줄에 14자씩, 경판 하나에 32줄이 들어가도록 조각했다.

조각이 끝난 경판은 뒤틀리지 않도록 가장자리에 틀을 대고, 나뭇결을 메워 매끈하게 만들고, 진한 먹물을 들이는 마무리 작업을 거쳤다. 혹시 습기가 차거나 벌레 먹지 않도록 옻칠을 두세 번 정도 했다.

대장경판 하나를 만들기 위해서는 나무를 베는 벌목공, 나무를 운반하는 운반공, 대패질하는 목수, 서예가, 조각가, 필사가, 글자 교정 보는 사람, 옻칠 전문가 등이 동원되었다. 고려인들은 자기가 할 수 있는 일을 맡으며 이 대작업에 참가했다.

이렇게 만들어진 대장경은 글씨를 새긴 경판이 8만 1137장으로 쪽수로 따지면 16만 2274쪽이나 되는 엄청난 분량이었다. 대장경을 완성하는 데만도 16년이나 걸렸다. 사람들은 이 대장경을 '팔만대장경'이라고 불렀다. 중국이나 거란, 티베트에서 만든 대장경과 비교해 보니 내용이 정확하고, 글씨체가 아름다울 뿐 아니라 틀린 글자가 거의 없었다. 뜨거운 열정과 불심으로 오랑캐를 물리치려는 고려인의 얼과 자존심이 고스란히 녹아든 민족의 보물이 탄생한 것이다.

마니산 참성단에서 단군을 기리다

오랫동안 몽골군과 맞서 싸우면서 고려인의 마음속에는 '우리'라는 생각이 싹텄다. 고려가 후삼국을 통일한 뒤에도 사람들은 틈만 나면 어느

나라 출신인지를 곧잘 따졌다. 그래서 반란이나 민란이 일어날 때면 백제를 되살린다거나 신라의 뒤를 잇는다는 구호가 터져 나왔다. 그러나 몽골군의 침략을 맞아 오랜 세월 함께 고생을 하다 보니 그런 것들은 더 이상 중요하지 않았다. 몽골의 침략 앞에 우리는 그저 고려인이었고 하나였다. 점차 고려인들은 삼국 시대 이전부터 우리 모두 하나의 조상을 섬기는 한 나라 사람이었다는 생각을 하게 되었다. 그리고 그 마음은 마니산 참성단으로 향했다.

  당시 고려의 수도였던 강화도에는 우뚝 솟은 마니산이 있었다. 마니산은 그다지 높지 않았지만, 산 정상에 오르면 중국을 향해 펼쳐진 서해 위로 올망졸망 자리 잡은 섬들과 뭍이 한눈에 들어왔다. 마니산 정상에는 언제, 누가 쌓았는지 알 수 없는 제단이 있었다. 편평한 돌을 정성껏 골라 아래는 둥글게, 위는 네모나게 쌓았다. 둥근 것은 하늘을 상징하고 네모난 것은 땅을 상징했다. 위로는 하늘과 별을 우러르고 아래로는 바다와 육지를 굽어보는 제단, 바로 참성단이었다.

참성단에 대한 신비로운 전설이 사람들의 입에서 입으로 전해지고 있었다. 바로 첫 임금 단군이 하늘에 제사를 지내기 위해 쌓은 신성한 제단이라는 것이었다. 고구려도 백제도 신라도 없었던 아득한 옛날, 맨 처음 나라를 세운 임금 단군. 그가 세운 강하고 아름다운 나라 조선(고조선). 그렇다면 고구려도 백제도 신라도 모두 하나의 조상을 섬기는 게 아닌가? 우리 조상이 고구려인이었는지, 백제인이었는지 따지는 것이 얼마나 부질없는 일인가? 우리는 한 민족이다. 우리는 다시 하나로 뭉쳐 외세의 침략을 물리쳐야 한다. 고려인의 마음은 그렇게 참성단으로 모아졌다. 위기에 빠진 나라를 구하려는 마음이 하나로 모여 민족의식이 형성되었다.

단군을 기리는 마음은 세월이 흐르면서 점점 더 강해져 조선 시대에 이르러 마니산 참성단은 민족의 성지가 되었다. 참혹한 전쟁이 우리 민족에게 남겨 준 선물, 바로 우리가 누구인지를 깨닫게 해 준 것이다.

삼국유사에 담긴 세상

> 옛날에 하느님의 아들 환웅이 인간 세상에 뜻을 두었다. 아버지가 그 뜻을 알고 인간 세상을 널리 이롭게 하기 위해 아들에게 천부인 3개를 주어 인간 세상을 다스리게 했다. 환웅은 무리 3000명을 거느리고 태백산 성스러운 나무 아래로 내려왔다.…… 환웅이 웅녀와 혼인해 아들을 낳으니 이름을 단군왕검이라 했다. 단군왕검은 평양에 도읍을 정하고 나라 이름을 조선이라고 불렀다.……

일연은 제자들이 올린 《삼국유사》를 살펴보며 고개를 끄덕였다.

"그래, 이래야지. 나라를 처음 세운 임금의 이야기가 신기하다고 해서 아주 빼 버리면 그게 어찌 민족의 역사를 담은 책이라고 할 수가 있겠느냐. 더욱이 우리가 부처님을 섬겨 온 지 천 년이 다 되어 가거늘…… 부처님과 스님들의 이야기가 빠져 있으면 어찌 후세에 우리 역사를 제대로 알릴 수가 있겠느냐. 신기하고 이상한 이야기라도 모두 깊은 의미가 있는 것이거늘……."

일연이 새로운 역사책을 쓰겠다고 마음먹은 것은 오래 전 《삼국사기》를 읽어 보고 크게 실망했기 때문이다. 고려의 대표적인 문장가요, 최고의 학자라는 김부식이 왕의 명을 받아 만든 《삼국사기》라고 해서 큰 기대를 갖고 읽어 보았다. 하지만 '믿을 수 없는 일은 기록하지 않는다.'는 《삼국사기》의 원칙 때문에 중요한 이야기가 너무 많이 빠져 있었다.

김부식은 유학자였기 때문에 신화나 전설처럼 설명하기 어려운 일이 역사에 기록되어서는 안 된다고 믿었다. 그래서 단군 이야기도 싣지 않았다. 삼국 시대부터 국가 차원에서 장려했던 불교와 관련된 전설도 대부분 생략되었다. 국가의 명을 받아 만든 역사책이기 때문에 정치적인 부분이 주로 실렸던 것이다. 하지만 그 모든 것을 빼 버리고 우리 민족의 역사를 담았다고 하기에는 너무나 부족한 부분이 많았다.

일연은 신화와 전설까지 담은 역사책을 만들기로 했다. 몽골과의 전쟁으로 시달린 백성들에게 민족과 조상에 대한 긍지와 희망을 심어 주는 일이 중요하다고 생각했기 때문이다.

일연은 제자들과 함께 옛 기록을 뒤져 가며 자료를 엮었다. 시대순으로 자료를 정리하고 주제별로 이야기를 모았다. 오랜 세월 동안 노력한 끝에 드디어 완성된 것이 바로 《삼국유사》이다.

《삼국유사》는 단군의 이야기를 첫머리에 실어 우리 민족의 시조가 단군임을 분명히 밝혔다. 가야의 역사를 정리한 〈가락국기〉도 실었는데, 이것은 가야에 대한 내용으로는 오늘날까지 남아 있는 유일한 역사 기록이다.

이 밖에도 사람들 사이에 전해 내려오는 풍속, 생활, 전설, 노래를 실어 옛사람들의 다양한 모습을 보여 주었다. 〈호동 왕자와 낙랑 공주〉, 〈바보 온달과 평강 공주〉, 〈가실과 설씨녀〉 같은 사랑 이야기, 이차돈이 불교를 위해 목숨을 버린 이야기, 성덕 대왕 신종에 얽힌 전설, 김대성이 불국사와 석굴암을 지은 이야기처럼 유명한 승려나 절, 탑에 얽힌 이야기도 적어 놓았다. 선화 공주와 결혼하기 위해 백제 무왕이 지어 불렀다는 〈서동요〉, 아름다운 수로 부인에게 바치는 〈헌화가〉, 처용이 불렀다는 〈처용가〉 같은 귀중한 노래도 실려 있다.

"《삼국사기》에도 신라 이야기가 많은데, 내가 쓴 《삼국유사》도 대부분이

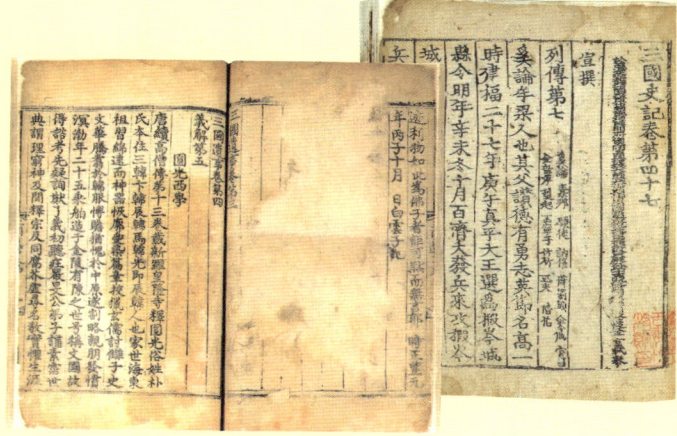

《삼국사기》와 《삼국유사》
《삼국사기》(오른쪽)는 국가의 명을 받아 편찬한 정식 역사서이지만 《삼국유사》(왼쪽)는 개인이 저술한 책이다. 그래서 《삼국사기》에 실을 수 없었던 다양하고 재미있는 이야기가 《삼국유사》에 실려 있다.

신라 이야기구나. 내가 경주 출신이라 신라의 전설이나 이야기는 많이 알고 있으나, 백제나 고구려의 전설을 많이 알지 못해 아쉽구나."

《삼국유사》를 끝까지 다시 살펴본 일연이 제자들을 둘러보며 아쉬워했다.

"저희가 구할 수 있는 자료에는 한계가 있습니다. 더구나 백제나 고구려의 옛 기록은 별로 남아 있지 않으니 어쩔 수가 없습니다. 최선을 다했으니 마음에 두지 마시지요."

"그래, 《삼국사기》에 있는 내용은 다시 쓰지 않았으니 후세 사람들이 《삼국사기》와 이 책을 함께 읽어 보면 좋을 게야."

세계 속의 한국인

성리학을 소개한 안향

성리학은 우주의 근본 원리와 인간의 본성을 탐구하는 학문이다. 고려 말 안향이 소개한 성리학은 조선의 건국 이념이 되었으며, 오늘날까지 우리 생활에 많은 영향을 미치고 있다. 안향은 세계로 나아가 세계의 문화를 들여온 뒤 우리의 것으로 만든 진정한 고려인이자 세계인이었다.

기자 오늘은 우리나라에 처음 성리학을 소개한 안향 선생님을 만나 보겠습니다. 선생님, 처음 원나라에는 왜 가시게 되었습니까?

안향 원나라에 왕족을 볼모로 보내는 풍습이 있었는데, 그때 따라가는 신하로 뽑혀서 가게 되었지요. 볼모로 가는 왕족을 뚤루게(독로화)라고 합니다.

기자 그럼, 볼모로 가신 거나 마찬가지군요. 서로 가기 싫어하지는 않았나요?

안향 처음에는 가기 싫어했지요. 그래서 뚤루게를 따라가면 벼슬을 3등급 올려 주는 특혜를 받았습니다. 그런데 원나라에 가서 출세하는 사람이 많아지자 나중에는 서로 가려고도 했답니다.

기자 원나라에 볼모로 가서 어떻게 출세를 합니까?

안향 아무래도 모시고 갔던 왕족과 함께 고생하면서 친해지게 마련인데, 그분이 왕이 되어 돌아오면 권력을 잡기가 쉽지요. 원나라 황제의 눈에 들어 높은 벼슬을 받기도 합니다. 저도 원나라 황제가 인정해 주어 벼슬을 했답니다.

기자 그럼, 성리학은 언제 처음 알게 되셨나요?

안향 1289년에 충렬왕과 제국 대장 공주께서 왕세자와 함께 원나라 황제를 만나러 가셨는데, 저도 함께 갔습니다. 그때 송나라 주자가 지은 책을 보게 되었지요. 그것이 성리학과의 첫 만남입니다. 성리학을 만든 사람이 바로 주자거든요.

기자 성리학의 어떤 점이 좋다고 생각하십니까?

안향 원래 유학은 세상을 다스리는 방법을 연구하는 학문인데, 성리학은 우주의 근본 원리와 인간의 본성까지 탐구하는 학문입니다. 세상의 근본 이치를 깨달으면, 세상을 어떻게 다스려야 하는지 저절로 알 수 있지 않겠습니까? 이런 성리학의 심오함에 반했습니다.

기자 앞으로 성리학이 고려에 어떤 영향을 미칠 것으로 보십니까?

안향 성리학은 이제 막 고려에 소개되었지만, 젊은 학자들을 중심으로 좋은 반응을 얻고 있습니다. 성리학이 더 좋은 고려를 만드는 데 크게 이바지할 것으로 믿습니다. 새로운 시대를 여는 학문이 될 것입니다.

기자 네, 그렇군요. 인터뷰에 감사드립니다.

문화재를 찾아서

고려의 불화

고려 불화는 고려청자, 팔만대장경, 금속 활자와 함께 고려 4대 문화재 중 하나로 꼽힌다. 고려 사람들은 비단에 부처님의 모습과 불경의 내용을 그림으로 표현해 남겼는데, 절의 벽화로 남아 있는 경우가 많다. 고려 불화는 특히 세밀하고 정교한 묘사와 아름다운 채색으로 유명하며, 속살이 비칠 만큼 얇고 투명한 비단과 그 무늬를 생생하게 표현한 〈관음보살상〉은 고려 예술의 높은 수준을 보여 준다.

〈수월관음도〉는 고려 불화의 대표적인 작품이다. 보석으로 꾸민 관과 구슬, 아름다운

〈수월관음도〉
고려 불화 가운데 가장 큰 것으로 유명하다. 대나무를 배경으로 앉아 있는 관음보살의 풍만한 얼굴과 자애스러운 눈매, 자연스러운 자세는 자비로운 관음보살의 특징을 잘 보여 준다.

비단으로 화려하게 장식된 관음보살이 그윽한 눈초리로 선재동자를 바라보고 있다. 진리를 찾아 세상을 떠도는 선재동자가 관음보살을 만나는 장면을 표현한 것이다. 남아 있는 〈수월관음도〉 중에서 가장 오래된 것으로 1310년에 그려졌다. 관음보살 앞에는 한 줄기 버드나무 가지가 꽂혀 있는 정병이 놓여 있고, 뒤에는 대나무가 그려져 있다.

지금 남아 있는 고려 불화는 대부분 일본에 있다. 아무도 고려 불화에 관심이 없던 일제 강점기에 일본 사람들이 고려 불화를 사들였기 때문이다. 아미타여래가 지장보살과 관음보살을 거느리고 서 있는 〈아미타 삼존도〉는 일본으로 팔려간 것을 되사서 들여온 것으로 고려 불화 중에서도 걸작으로 손꼽힌다.

아미타여래의 이마에서 한줄기 빛이 뻗어 왕생자(죽어서 극락으로 온 사람)를 비추고 관음보살은 허리를 숙여 왕생자를 맞이한다. 아미타여래의 당당한 몸을 휘감고 있는 정교한 옷 주름과 무늬, 오랜 세월에도 은은한 빛을 내는 채색 등은 뛰어난 미적 완성도를 자랑한다.

〈아미타 삼존도〉
아미타여래가 좌우에 관음보살과 지장보살을 끼고 죽은 사람을 극락으로 맞아들이는 모습을 그리고 있다. 화려하고 우아한 색상, 정교한 기법과 치밀한 구도로 고려 불화 중 걸작으로 손꼽힌다.

1300년
1295년 탐라를 제주로 고침
1304년 국학에 대성전 설치

1320년
1314년 충선왕, 연경에 만권당을 세움
1320년 충선왕, 티베트로 귀양 감

2

고려의 시련과 새로운 기회

1340년
1340년 고려인 기씨, 원나라의 황후가 됨
1343년 원나라, 충혜왕을 귀양 보냄

몽골 제국의 끝에 선 고려

몽골의 사위가 된 고려 왕

1274년, 원나라에 볼모로 가 있던 세자 심은 원나라 세조 쿠빌라이의 막내딸인 제국 대장 공주와 결혼했다. 39세의 세자는 이미 아내가 있었지만 고려 왕실을 위해 원나라 공주를 세자비로 맞았다. 원래의 세자비는 후궁 자리로 밀려났다. 고려가 독립을 유지하는 대신 원나라 황실과 고려 왕실이 혼인을 맺어 사대 관계를 유지하기로 원종 때부터 맺은 약속이었다. 영광이라고 해야 할지, 굴욕이라고 해야 할지 세자의 마음은 착잡했다.

  제국 대장 공주는 세자보다 스물세 살이나 어렸지만 세계를 호령하는 원나라의 공주였기 때문에 대하기가 어려웠다. 더군다나 아버지 쿠빌라이를 닮아 성격이 매섭고 분명해 남편의 잘잘못을 곧잘 따지고 들었다. 하지만 제국 대장 공주를 아내로 맞음으로써 세자의 자리는 단단해졌다. 이제 누구도 원나라 황제의 사위인 자신을 함부로 대하지 못할 것이다. 원나라만 빼고. 아버지 원종이 세상을 떠나자 세자는 서둘러 고려로 돌아왔다.

고려로 돌아온 세자는 충렬왕이 되었다. 충렬왕은 고려로 돌아올 때 몽골인처럼 변발을 하고 몽골 옷을 입었다. 원종 때부터 변발을 하는 사람들이 하나둘씩 있었지만, 왕이 변발한 모습을 보고 신하들은 기겁했다. 몰래 돌아서서 눈물을 훔치는 사람도 있었다.

몇 달 뒤 충렬왕은 원나라에 남아 있던 제국 대장 공주를 데려오기 위해 사람들을 보냈다. 그리고 왕이 직접 국경 근처까지 마중하러 갔다. 충렬왕은 문득 신하들을 돌아보았다.

"머리를 깎은 사람이 별로 없구려. 공주가 보면 서운해 할 텐데……. 왜 머리를 깎는 것이 싫은 게요?"

신하들은 대답할 말을 찾지 못해 더듬거렸다.

"아, 아닙니다. 그저 고려의 예절을 지키려는 것뿐이옵니다. 머리를 깎는 사람들이 늘면 자연히 따르게 될 것입니다."

"오랜 전쟁 끝에 겨우 얻은 평화인데 그까짓 머리카락을 왜 못 깎는단 말이오. 변발을 하지 않은 사람은 중간에 머물게 하고, 고려 옷을 입은 사람은 공주의 행렬 근처에 오지 못하게 내쫓도록 하시오."

"하지만 개경으로 들어가실 때는 고려의 예복을 입도록 하시옵소서. 임금님과 왕비님이 원나라 옷을 입은 것을 보면 백성들의 마음이 어떻겠습니까?"

"아니 되오. 제국 대장 공주와 원나라 황제의 마음을 거슬렀다가는 고려가 더 큰 화를 입을 것이오. 다른 사람들도 명심하도록 하시오."

충렬왕은 결국 원나라 복장을 하고서 제국 대장 공주를 만났다. 그리고 원나라 가마에 공주를 태우고 개경으로 돌아왔다. 콧대 높은 새 왕비는 몽골인부터 위구르인까지 자기가 부리던 신하들을 모두 데리고 왔다. 게다가 원나라에서 먹던 음식 그대로, 입던 옷 그대로를 고집했다. 고려 왕실에서는 왕비와 대화하기 위해 몽골어를 배워야 했다. 통역이 필요해 몽골어를 잘하는 사람도 많이 뽑았다. 궁궐 안에서 변발을 하고 원나라 옷을 입는 사람이 점점 많아졌다.

"어차피 깎을 머리카락인데, 남들보다 먼저 깎으면 어떻고 나중에 깎으면 어때?"

"원종께서 '나 죽으면 변발을 하든지 말든지 내 살아생전에는 고려의 전통을 못 버리겠다.'고 하시던 말씀이 새삼 생각나네."

신하들은 소리 죽여 수군거렸지만 결국 머리를 깎았고, 원나라 복식을 차려입고 몽골어를 배웠다. 그 모습을 바라보는 충렬왕의 마음도 편치는 않았다.

"이게 다 고려와 고려 백성을 위하는 길이오. 원나라로 보내는 공물을 조금이라도 줄이고, 영토 한 뼘이라도 더 돌려받으려면 자존심만으로는 되지 않소. 머리를 숙여서라도 나라의 이익을 구하는 것이 옳은 길이지."

마음이 답답할 때마다 충렬왕은 사냥을 나갔다. 사냥을 다녀오면 그나마 마음이 좀 후련해졌다.

"또 사냥을 나가시는 겁니까?"

말에 오르려는 왕의 앞길을 제국 대장 공주가 막아섰다.

"임금님이 정치는 돌보지 않고 날이면 날마다 사냥에 빠져 사시니 나라 꼴이 어찌 되겠습니까? 사냥을 나가실 때마다 고통받는 백성들도 좀 생각하셔야지요. 혹시 내가 보기 싫어 궁궐 밖으로 자꾸 나가시려는 겁니까?

아니면 궁궐 밖에 좋아하는 여자라도 숨겨 두셨나요?"

"그럴 리가 있소. 사냥도 왕의 일이오. 오래 걸리지 않을 테니 길을 비키시오."

충렬왕의 말에 공주는 주저앉아 통곡했다.

"제가 이렇게 말리는데도 굳이 가시겠습니까? 임금님만 믿고 고향을 떠나 고려까지 온 저를 이렇게 무시하는 겁니까? 제가 이렇게 무시당하고 사는 것을 아바마마가 아시면 뭐라고 하시겠습니까?"

충렬왕은 당황해 말에서 내려 공주의 손을 잡았다.

"알았소. 사냥 나가려는 계획을 취소할 테니 울지 말고 일어납시다. 누가 당신을 무시한다고 이러시오."

충렬왕은 사냥을 취소하고 공주의 뒤를 따라갔다. 공주가 한번씩 화를 낼 때마다 고려 조정은 마음을 졸였다. 공주의 신하들이 원나라에 가서 나쁜 소식이라도 전하면 어쩌나 하고 전전긍긍했던 것이다. 그들에게 뇌물을 주어 고자질을 못 하게 하거나 벼슬을 주어 달래기도 했다.

그러나 공주가 고려 왕비로 있는 이상 원나라에서도 고려 왕을 무시하지 못했다. 원나라 황제의 칙서를 가져온 사신은 모두 충렬왕 앞에서 머리를 조아렸다. 고려의 왕이기에 앞서 황제의 사위였기 때문이다.

충렬왕 이후 공민왕까지 고려의 왕은 모두 원나라 공주를 아내로 맞았다. 충선왕은 계국 대장 공주를, 충숙왕은 복국장 공주를, 충혜왕은 덕녕 공주를 왕비로 맞았고 공민왕의 왕비는 노국 대장 공주였다. 원나라 출신 왕비는 고려의 국정에 간섭을 많이 했지만, 다른 한편으로는 고려 왕의 권력을 뒷받침하는 역할을 했다.

일본 원정에 동원된 고려

전라도 변산 바닷가에서 뚝딱뚝딱 망치질 소리가 요란하게 들렸다. 나무를 나르고 다듬느라 정신없이 일하는 사람들 사이로 배 만드는 기술자들이 이리저리 바쁘게 뛰어다녔다. 원나라가 일본을 정벌하러 가겠다며 고려에게 배 900척을 요구했기 때문이다.

"이거 원……, 전쟁도 끝나고 이제 좀 살아 보나 싶었는데, 또 이게 무슨 일이람."

"겨우 풀뿌리 몇 개 먹고 이 힘든 일을 어떻게 하란 말이야."

여기저기서 끌려온 백성들은 고생이 이만저만이 아니었다. 고려 정부는 먹을 식량도 부족해서 나무껍질이며 풀뿌리로 겨우 목숨을 부지하는 백성들을 수만 명씩이나 불러 모아 배를 만들게 했다. 게다가 원나라는 군사들의 식량까지 고려 백성들한테서 걷어 갔다. 고려 정부는 일본 원정을 막으려고 애를 썼지만 결국은 배를 만들고 식량을 준비하게 되었다.

1274년, 드디어 고려와 원나라의 연합군이 일본을 향해 출발했다. 군인 8000명을 비롯해 고려인도 1만 명이 넘게 동원되었다.

"작은 섬나라 왜구 따위는 우리의 상대가 아니니 마음껏 쓸어버려라. 그리고 해가 지면 다시 배로 돌아오도록 하라. 밤에 왜구들이 습격을 해 올 수 있으니 구원병이 오기 전에 싹 쓸어버리고 다음 섬으로 갈 것이다."

군인들은 함성을 지르며 섬에 상륙했다. 고려와 원나라 연합군은 쓰시마 섬을 휩쓸고 곧 이키 섬을 공격했다. 섬 주민들은 비명을 지르며 도망쳤고 군인들은 눈에 보이는 사람들을 닥치는 대로 죽였다. 밤이 될 때까지 사람들 수천 명이 죽었다. 온통 피비린내가 진동하는 긴 하루였다.

해가 지자 군인들은 배로 돌아왔다. 그런데 그날 밤 느닷없이 태풍이 불었다. 수백 척의 배가 부서져 바다로 가라앉았고, 수만 명의 목숨이 물 밑으로 사라졌다. 싸움에서는 이겼지만 거대한 자연의 힘 앞에 어이없이 패배한 전쟁이었다.

"아이고, 이게 무슨 일인가. 100년이나 이어진 험한 전쟁에서 겨우 살아남아 이제 좋은 세상 보나 싶었는데, 이게 무슨 일이여."

"한창 농사지을 젊은이를 모조리 군인으로 끌고 가서 물고기 밥을 만들다니, 아까워서 어떡하나. 젊은 목숨들이 아까워서 어떡해……."

고려 방방곡곡에서 애달픈 울음소리가 끊이질 않았다. 자식을 잃고 남편을 잃고 아버지를 잃은 사람들의 통곡 소리였다.

그래도 일본을 포기하지 못한 원나라는 몇 년 뒤 다시 배 900척과 군대를 요구했다. 고려에서는 배를 만들 힘이 없다며 사정을 했다.

〈몽고습래회사〉
고려와 원나라 연합군이 일본을 공격하는 모습을 그린 그림이다. 일본 원정이 끝난 10년 뒤 일본인이 그렸다. 몽골군이 화살을 쏘면서 후퇴하는 모습과 일본 병사가 몽골 함선을 공격하는 모습이 그려져 있다.

"고려는 원래 농민과 군인의 구별이 없습니다. 농사지어야 할 사람들을 데려다가 배도 만들게 하고 군대도 보내야 합니다. 오랜 전쟁으로 백성들은 지치고 그동안 농사를 제대로 짓지 못해 먹을 것도 없습니다. 몇 년 전에도 있는 사람 없는 사람 겨우 모아 배를 만들고 군인을 모았는데, 모두 물속에 가라앉고 말았으니 더 이상 사람도 없고 곡식도 없습니다. 직접 눈으로 보지 않아 고려가 얼마나 힘든지 모르시는 것 같은데, 고려의 사정이 매우 어렵습니다."

그러나 원나라는 들은 척도 하지 않았다. 그 사이 원나라는 남쪽의 송나라마저 정복하고 중국 전체를 차지했다. 이번에야말로 일본을 짓밟아 원나라 땅으로 만들겠다면서 의욕이 대단했다. 그들은 망해 버린 송나라 군인 10만 명을 이 전쟁에 동원했다.

고려인들은 또다시 고생해 가며 배를 만들었고, 군인 1만 명을 모았다.

원나라 군사, 송나라 군사, 고려 군사까지 모두 14만 명의 대군이 일본을 향해 출발했다. 일본은 바짝 긴장하고 있었다. 지난번에는 태풍 덕분에 다행히 피해를 면했지만, 또 그런 행운을 기대할 수는 없었기 때문이다. 일본도 몇 년 전부터 성을 쌓고 무기를 수리하고 군대를 훈련시키며 전쟁에 대비했다.

고려 장수 김방경은 군사을 불러 모아 격려했다.

"지난번 일본 원정에서 뜻하지 않는 태풍으로 피해가 컸다. 다행히 내가 이끌던 부대는 조금 일찍 합포로 출발했기 때문에 큰 피해가 없었다. 그때나 지금이나 여름철이기 때문에 날씨 변덕이 심해 바다의 날씨를 장담할 수 없으니, 상륙해서는 용감히 싸우되 배로 돌아와서도 긴장을 늦추지 말아야 할 것이다. 우리가 누구냐! 고려의 군대다! 용감히 싸우고 끝까지 살아남자!"

병사들도 함성으로 화답했다. 김방경이 이끄는 고려 군대는 싸우는 전투마다 승리하며 일본의 섬들을 휩쓸었다. 그런데 태풍이 불어 송나라 군인 10만 명이 바다에 빠져 죽고 말았다. 이번에도 김방경이 이끄는 고려 군대는 합포로 돌아와 있어 화를 면했다. 우연치고는 얄궂은 일이었다.

일본에서는 신이 바람을 보내 주어서 일본을 구했다며 '신풍(가미가제)'에 대한 믿음이 생겨났다. 고려는 많은 군사를 잃은 데다가 배를 만드느라 수많은 백성이 고생했다. 원나라는 또 일본 원정을 준비한다며 많은 것을 요구했지만 충렬왕은 완강히 버텼다. 다행히 원나라에서 반란이 일어나고 원나라 황제가 세상을 떠나면서 일본 원정은 없었던 일이 되고 말았다. 고려는 안도의 한숨을 내쉬었다.

고려가 겪는 시련

고려의 독립을 지켜 냈다고 하지만 생각해 보면 서럽고 원통한 일이 한두 가지가 아니었다. 충렬왕은 즉위하자마자 중앙 정치 기구의 이름과 연호를 원나라식으로 고쳤다. 그것도 원나라보다 서너 단계 아래 호칭으로 바꿔 버렸다. 고려는 원나라의 속국이니 황제의 나라에서 쓰는 호칭을 사용할 수 없다는 것이었다. 또 왕이 세상을 떠난 뒤에도 예전처럼 종(宗) 자를 붙일 수 없었다. 종은 황제에게만 붙이는 호칭이었기 때문이다. 충렬왕, 충선왕, 충혜왕, 충목왕처럼 원나라에 충성을 다하겠다는 의미로 왕의 이름에 충(忠) 자를 붙여야 하는 굴욕도 당했다.

이러한 어려움 속에서도 빼앗긴 영토를 되찾기 위해 꾸준히 노력한 결과, 북쪽 땅 일부와 탐라를 되돌려 받을 수 있었다. 하지만 몽골과의 전쟁이 한창일 때 빼앗긴 북쪽 땅의 쌍성총관부는 여전히 남아 고려를 감시했다. 일본 원정에 필요하다며 설치한 정동행성도 마찬가지였다.

관리가 모두 고려인으로 바뀌었지만 그들은 원나라를 등에 업고 출세할 기회만 엿보았다. 그래서 고려에 도움이 되기는

커녕 고려의 내부 사정을 원나라에 고해바쳤다. 그렇게 출세한 사람들을 '부원 세력'이라고 불렀다. 원나라를 배경으로 온갖 권력과 부귀영화를 누리는 세력이었다.

원나라가 요구한 것은 군사와 영토뿐만이 아니었다. 오래전부터 고려의 중요한 수출품이었던 청자, 인삼, 종이를 바치라며 해마다 성화를 부렸다. 아무리 많이 보내 주어도 그들은 더 많이 요구했다. 또 몽골 귀족들 사이에 고려의 해동청 보라매가 매사냥에 그만이라고 소문이 나면서 매도 잡아서 보내야 했다. 어린 매를 사로잡은 뒤 잘 훈련시켜서 보내는 일을 하기 위해 응방이라는 관청까지 만들어졌다.

게다가 고려 귀족 계급의 여자들을 공녀로 보내라고 요구하기까지 했다. 몽골 귀족들의 첩이나 하녀로 삼기 위해서였다. 이 모두가 자주권을 빼앗긴 나라, 고려의 설움이었다.

고려와 원나라를 이어 주는 역참

"마마! 고려로부터 급한 소식이 왔습니다."

고려의 세자 왕원(충선왕)은 숨넘어갈 듯 서두르는 시종의 외침에 문을 열고 밖으로 나왔다. 왕원은 어머니가 원나라 황제의 딸인 제국 대장 공주였기 때문에 태어나자마자 고려의 왕세자가 되었고, 어릴 때부터 외가인 원나라 황실에서 자랐다. 몇 달 전에 원나라 황제의 조카딸인 계국 대장 공주와 결혼하고 연경(오늘날의 베이징)에 머물고 있었다. 고려에서는 충렬왕과 제국 대장 공주가 아들의 결혼을 축하하기 위해 왔고, 원나라 황실에선 몇 날 며칠 계속 잔치를 열어 두 사람의 결혼을 축하해 주었다.

"무슨 일이기에 이렇게 서두르느냐? 천천히 말해 보거라."

"왕비마마께서 세상을 떠나셨다고 하옵니다."

"뭐? 어마마마께서? 그럴 리가 없다. 불과 몇 달 전에 결혼식에 오셨을 때만 해도 아무렇지 않았는데, 돌아가시다니……."

"전부터 자주 편찮으시지 않았습니까. 긴 여행이 힘드셨는지 고려로 돌아가신 뒤 바로 병이 나셨답니다. 장례식에 참석하셔야 하니 어서 고려로 떠날 채비를 하십시오."

"어서 파발마를 띄워 고려로 가는 역참마다 가장 빠른 말을 준비해라."

왕세자는 서둘러 고려로 돌아왔다. 원나라의 수도 연경에서 고려의 개경까지는 꼬박 보름이 걸렸다. 중간중간에 역참이 있어 잠을 자거나 지친 말을 쉬게 할 수 있어 여행을 하는 데 불편하지는 않았다. 황제의 외손자가 서둘러 고려로 돌아간다는 소식을 듣고 역참에서는 온갖 정성을 다해 준비를 해 놓았다.

"내가 처음 이 길을 따라 원나라 황실로 간 것이 네 살 때였느니라. 아바마마와 어마마마가 원나라 황실에 인사드리러 갈 때 따라갔었지. 그 후로도 1년에 몇 번씩 이 길을 다녔으나 이토록 아픈 마음으로 가는 것은 처음이구나."

"왕자마마, 불편하신 점은 없으신지요?"

역참을 지키는 관리가 머리를 조아렸다.

"역참 덕분에 불편하지 않다. 역참이 없었다면 이 먼 길을 어찌 다녔을지 모르겠구나. 10년 넘게 다녔지만 한 번도 불편한 적이 없었다. 이 모든

것이 다 너희의 수고 덕분이다."

"황공하옵니다. 원나라와 고려를 오가는 관리며, 장사치들이 편히 다닐 수 있도록 역참을 관리하고 말을 돌보는 것이 저희의 임무인 걸요."

"그래. 역졸과 역리가 아니었다면 어마마마의 슬픈 소식을 내가 어찌 그리 빨리 알 수가 있었겠느냐. 소식을 전하는 것도 참 중요한 일이다."

"역참 덕분에 고려에서 몽골이며, 중원이며, 저 서역 사람들이 사는 곳까지 내 고향처럼 다닐 수 있으니 참으로 놀라울 따름입니다."

역리의 말에 왕세자는 고개를 끄덕였다.

이러한 역참은 고려로 가는 길뿐 아니라 몽골 제국 구석구석까지 설치되어 있었다. 중국과 고려에는 예전부터 역참이 도로를 따라 있었지만 몽골 제국에는 길이 없는 사막이나 초원에까지 역참을 만들었다. 몽골 초원의 카라코룸, 중앙아시아의 사마르칸트, 서아시아의 바그다드, 소아시아의 예루살렘, 러시아의 키예프까지 몽골의 역참은 유라시아 어디를 가든 걱정 없이 여행할 수 있도록 해 주었다.

고려에서 원나라로 가는 길에 있는 요동 지역 역참에는 고려인들이 살고 있었다. 고려의 왕과 사신, 상인들이 자주 왕래하다 보니

역참 통행증
몽골에서 사용하던 파스파 문자가 새겨져 있으며, 종류에 따라 대우도 달랐다.

쿠빌라이를 만난 마르코 폴로 일행
마르코 폴로는 아버지, 삼촌과 함께 교황의 서신을 갖고 몽골의 황제를 만났다.

고려인의 마을이 길을 따라 만들어진 것이다. 이들은 역참에 필요한 물건을 공급하거나 역참에서 일을 하며 살았다.

역참에는 역졸과 역리가 항상 대기하고 있었다. 역졸은 국가의 문서를 전해 주는 일을 했는데, 역에서 기다리고 있다가 방울 소리가 들리면 얼른 출발할 준비를 했다. 문서의 중요도에 따라 방울을 3개, 2개, 1개씩 달았는데, 중요한 문서일수록 빨리 전달될 수 있도록 했다. 역리는 여행하는 관리가 언제든 말을 갈아탈 수 있도록 준비했고, 관리들이 쉬러 오면 그들을 대접하는 역할을 했다.

고려에 유행한 몽골 풍속

왕세자는 청소년기 대부분을 고려와 원나라를 왕래하면서 보냈다. 고려 왕실과 원나라 황실을 넘나들며 지낸 왕세자는 두 나라가 별로 다르지 않다는 생각이 들었다. 궁궐에서는 친숙한 몽골어를 불편함 없이 사용할 수 있었고, 변발을 하고 호복을 입은 사람은 개경뿐 아니라 고려 땅 어디에서도 만날 수 있었다.

"원나라의 세조께서 고려의 항복을 받을 때 의관이나 복장은 몽골식으로 바꾸지 않아도 된다고 하셨는데, 이제 와서 보니 원나라 연경의 모습과 조금도 다르지 않구나."

왕세자는 옆에 있는 환관을 돌아보며 말했다.

"고려의 왕비가 바로 원나라의 공주마마이옵니다. 어찌 따르지 않겠사옵니까. 임금님께서도 그렇게 명을 내리셨고요. 고려 사람들 가운데에서도 원나라 황실이나 귀족과 결혼한 사람이 많사옵니다. 그들을 따라온 자들도 한둘이 아니지요. 그뿐이옵니까. 벼슬아치며 장사치며 고려에 와 있는 몽골 사람의 수도 셀 수 없사옵니다. 원나라와 아무런 상관없는 고려 사람들도 그들의 머리 모양과 옷이 멋있게 보이는지, 서로 따라하고 있사옵니다. 귀부인들은 외출할 때마다 머리에 족두리를 쓰고 뺨에 연지, 곤지를 찍는다고 합니다. 모두 원나라의 풍속이 아니겠사옵니까."

철릭 입은 모습
몽골의 전통 복식인 질손에서 유래했으며, 말 탈 때나 사냥할 때 주로 입었다고 한다.

오늘날까지 남아 있는 몽골의 흔적

고려가 몽골의 간섭을 받은 기간은 100년이 넘는다. 그 기간 동안 고려에는 몽골의 풍속이 들어와 자리를 잡았다. 외래 문화를 받아들여 우리 민족 문화로 승화시키는 고려인의 열린 감각 덕분이다. 이제 몽골 초원에서도 중국에서도 볼 수 없어, 우리 민족 문화가 되어 버린 몽골의 흔적을 찾아보자.

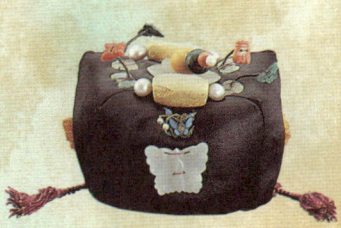

족두리와 댕기
족두리는 몽골 귀부인들이 외출할 때 쓰던 모자였다. 원나라 황태후가 고려 왕비나 귀부인에게 선물하면서 고려에 유행했다. 족두리와 함께 결혼할 때 많이 쓰는 도투락 댕기도 원나라에서 들어왔다.

설렁탕
전통 음식인 설렁탕도 몽골에서 왔다는 설이 있다. 끓는 물에 양 같은 가축을 넣고 대충 익혀 고기를 뜯어 먹던 음식에서 유래되었다는 것이다.

소줏고리
소주를 만드는 도구이다. 소주 재료를 넣고 끓여서 나오는 김을 받아 식히면 소주가 된다.

환관의 말에 왕세자는 고개를 끄덕였다. 원나라에도 고려에서 온 사람이 많이 살았다. 원나라 귀족과 결혼한 고려 여인을 통해 고려의 음식이며 풍습이 원나라에 퍼져 나가고 있었다.

궁궐에서 높은 사람을 이르는 말인 '마마', 세자와 세자빈을 가리키는 말이었던 '마누라', 벼슬아치나 장사치처럼 사람을 가리키는 '치', 왕의 밥상을 가리키는 '수라', 궁녀를 가리키는 '무수리'는 모두 몽골어에서 온 말이었다. 고려에서는 원나라의 지폐인 교초가 사용되고 있었으며, 사람들도 거리낌 없이 오고 갈 수 있었다.

몽골 군대가 오래 주둔한 안동, 개성, 제주에서는 몽골식으로 술을 빚는 방법이 유행했다. 바로 소주였다. 소주는 원래 페르시아에서 처음 만들기 시작한 술이었는데, 몽골을 거쳐 우리나라에까지 전해졌다. 예전부터 술을 즐겼던 고려인은 독한 소주를 무척이나 좋아했다. 소주는 막걸리, 청주와 함께 우리 민족의 대표적인 술로 자리 잡았다.

원나라와 고려의 사이, 탐라

붉은 산봉우리 기슭에서 한 무리의 말 떼가 한가롭게 풀을 뜯고 있었다. 열두 살 소년 반이와 형 툰이는 말 떼 사이를 이리저리 누비며 뜀박질을 하는 중이었다. 한참을 뛰다가 숨이 찬 형제는 풀밭에 벌렁 드러누웠다.

"형! 붉은 산봉우리는 왜 붉은색이야? 뒷집 아이가 그러는데, 예전에 사람들이 여기서 많이 죽어서 그 피 때문에 흙이 붉어졌다는데 정말이야? 밤이 되면 지금도 그때 죽은 사람들의 울음소리가 들린다더라."

"예전에 삼별초라는 군인들이 원나라랑 싸운다고 반란을 일으켰는데, 그 사람들이 마지막으로 싸우다 죽은 곳이래. 하지만 아주 오래된 이야기야. 귀신 나온다는 말도 거짓말이고."

"우리 할아버지가 원나라 군인이었다면서? 그럼, 우리 할아버지랑 삼별초랑 싸운 건가?"

"그럴지도 모르지."

둘은 하늘을 쳐다보며 생각에 잠겼다.

반이와 툰이네 집은 말을 키우는 목호였다. 원나라는 탐라를 원나라 땅으로 삼고 황제의 말을 키우는 목장으로 만들었다. 예전부터 조랑말로 유명했는데 원나라의 말까지 들어와 탐라에는 사람보다 말이 더 많았다. 말을 키우는 사람 중에는 원나라에서 온 몽골인도 있었다. 반이네처럼 삼별초의 난을 진압하고 눌러살게 된 원나라 군사의 후손도 많았다.

한때는 다루가치라는 원나라 관리가 직접 탐라를 다스린 적도 있었다. 충렬왕은 원나라에게 계속 말을 대 주겠다는 조건으로 탐라를 돌려받았다. 다루가치도 사라졌다. 그러나 탐라 사람들은 여전히 고려와 원나라 양쪽에서 시달리는 형편이었다.

"형! 탐라는 원나라 땅이야? 고려 땅이야?"

"에이, 나도 몰라!"

툰이는 벌떡 일어나 말 등에 훌쩍 올라탔다. 반이도 말에 올라타고 형을 따라 풀밭을 내달렸다. 원나라 땅이면서 고려 땅인 탐라의 기슭에선 두 소년의 함성 소리가 울려 퍼졌다.

1295년, 탐라는 제주라는 새로운 이름을 받았다.

원나라와 고려, 오고 간 사람들

개혁은 멀고, 원나라는 가깝고

고려의 왕자는 어릴 때부터 원나라에서 자라야 했다. 학문이 깊어 불교와 유학에 두루 통달한 왕세자는 고려 사람들의 기대를 한 몸에 받고 있었다. 왕세자가 어머니의 장례를 치르기 위해 고려로 돌아왔을 때 충렬왕은 아들에게 왕위를 넘겨주었다. 황제의 외손자요, 고려의 세자였던 왕원은 충선왕이 되었다. 왕위를 잃은 충렬왕은 원나라로 불려 갔다.

  충선왕은 즉위하면서 자주적인 개혁을 실시하고자 했다. 먼저 궁중 용어, 왕의 칭호, 중앙 정치 기구를 모두 고려식으로 고쳤다. 또 원나라 세력을 등에 업고 횡포를 부리던 부원 세력을 내쫓고 그들이 강제로 차지하고 있던 토지를 원래 주인에게 돌려주게 했다.

  하지만 쫓겨난 무리는 원나라 황실에 뇌물까지 보내며 충선왕을 헐뜯었다. 충선왕이 원나라에 대항해 반란을 일으키려 한다는 헛소문도 지어냈다. 포부가 컸던 충선왕은 즉위한 지 8개월 만에 폐위당하고 원나라로 불려 갔다. 겉으로는 부인인 계국 대장 공주와 사이가 나빠졌다는 것이 이유였지만 사실 원나라 황실에서도 충선왕의 자주적 개혁이 못마땅했던 것이다. 고려에서는 왕위를 아들에게 넘겨주었던 충렬왕이 돌아와 다시 왕이 되었다.

충선왕은 원나라 황실과의 관계를 끊지 못하면 고려를 개혁할 수 없다고 판단했다. 원나라 황실도 걸림돌이었지만 부원 세력이 더 큰 문제였다. 그들은 백성들을 못살게 굴었고, 자기 이익을 위해서라면 어떤 짓도 서슴지 않았다. 충선왕도 이들의 모함으로 여러 번 어려움에 처했다.

위기에 처해 있던 충선왕에게 다시 기회가 찾아왔다. 평소 친하게 지내던 카이산이 원나라의 황제 무종으로 즉위한 것이다. 충선왕은 무종이 황제가 될 수 있도록 힘껏 도와 원나라 황실의 핵심 인물이 되었다. 충선왕은 충렬왕이 죽자 10년 만에 다시 왕위에 올랐다. 고려에서 원나라로 가는 길목인 요동 지방을 다스리는 심왕의 자리도 차지했다.

원나라 황실의 막강한 세력을 등에 업은 충선왕이었지만 고려를 개혁하기는 여전히 어려웠다. 부원 세력의 반대가 심했기 때문이다. 충선왕은 나랏일을 왕족에게 맡기고 원나라로 돌아갔다. 고려의 자주적 개혁은 원나라로 가는 길보다 더 멀게만 느껴졌다.

부원 세력의 횡포

1320년, 티베트에서 귀양살이를 하다가 풀려난 충선왕은 연경으로 돌아오자마자 기가 막힌 소식을 들었다. 부원 세력들이 고려를 원나라의 한 지방으로 만들어 달라고 원나라 황제에게 상소를 올렸다는 것이다.

'몽골 군대의 거센 침략에 맞서 지켜 낸 나라를 이제 스스로 원나라에게 바치려고 하다니…….'

충선왕은 몸을 일으켜 서둘러 황제의 궁으로 향했다. 충선왕은 일찌감치 왕의 자리를 아들 충숙왕에게 물려주었고, 심왕의 자리는 조카인 왕고에게 주었다. 원나라 황제인 영종과 가까운 사이였던 왕고가 충숙왕을 몰아내고 왕이 되려고 했으나 영종의 죽음으로 실패하고 말았다. 그러자 왕고의 편을 들었던 부원 세력은 아예 고려를 원나라의 지방으로 편입해 달라고 상소를 올렸다.

충선왕은 친자식처럼 아끼던 조카 왕고가 이런 일을 벌였다는 이야기를 듣고 한탄했다. 서둘러 황제에게 찾아가서 고려를 원나라 영토로 만들지

않겠다는 약속을 받아 내고서야 한숨을 돌릴 수 있었다.

부원 세력은 이후에도 번번이 고려를 원나라 영토로 만들려고 시도했다. 그들은 자신의 이익을 위해서라면 수단과 방법을 가리지 않았다. 그들에게 백성들의 삶은 안중에도 없었다. 더 높은 관직을 얻고, 넓은 땅을 차지하고, 더 많은 노비를 부리려는 욕심은 끝도 없었다. 부원 세력들은 백성들의 땅을 빼앗아 넓은 농장을 만들었고, 가난한 백성들에게 높은 이자로 곡식을 빌려주고 갚지 못하면 노비로 삼았다.

부원 세력뿐 아니라 권문세족도 백성들을 괴롭히고 땅을 넓히기는 마찬가지였다. 권문세족 가운데에는 부원 세력도 있었고, 조상 대대로 문벌 귀족인 사람도 있었으며, 무신 정권 때 출세한 집안도 있었다. 이들은 서로 결혼을 통해 친척이 되었고, 고려의 권력을 나눠 가졌다.

부원 세력과 권문세족은 원나라가 고려에 남겨 둔 정동행성의 높은 벼슬을 차지하고 있었다. 고려가 원나라의 한 지방이 되면 정동행성은 고려를 다스리는 핵심 기구가 될 터였다. 그들이 기회가 있을 때마다 고려를 원나라의 지방으로 만들려고 한 것은 모두 자신들의 권력을 위해서였다.

원나라 황후가 된 고려 여인 기씨

유난히 달이 밝은 밤이었다. 궁녀 기씨는 원나라 황제의 침실에 다소곳이 앉아 황제를 기다리고 있었다. 당시 원나라는 3, 4년이 멀다 하고 황제가 바뀌었다. 기씨가 기다리는 순제는 열세 살 어린 나이에 온갖 어려움을 겪다가 어렵사리 황제 자리에 올랐다. 고려 출신 환관 투만아르가 기씨에게 황제의 마음을 위로하라고 일렀다. 기씨는 이제 황제를 모시는 후궁이 된 것이다. 원나라에 올 때부터 꿈꿨던 일이 이뤄지는 순간이었다.

하지만 모든 공녀가 기씨 같지는 않았다. 원나라는 1년에 몇 번씩 예쁜 고려 처녀들을 강제로 끌고 갔는데, 그 수가 수만 명이 넘었다. 고려 귀족들은 자기 딸을 공녀로 보내지 않으려고 열 살이 되기도 전에 시집을 보내거나 머리를 깎아 절로 보내기도 했다.

공신이었던 홍규는 딸을 비구니로 만들어 공녀로 끌려가는 것을 막으려다 들켜 제국 대장 공주에게 흠씬 얻어맞고 귀양을 갔다. 왕족이었던 수녕 옹주도 외동딸을 빼앗기고는 시름시름 앓다가 세상을 떠났다. 부모와 고향을 떠나 강제로 끌려온 여자들은 원나라 귀족에게 물건처럼 던져졌다. 그들 가운데는 죽을 때까지 눈물로 세월을 보낸 사람도 있었다.

하지만 공녀로 끌려간 딸이 원나라 황족이나 귀족의 눈에 들어 그 가족이 출세하는 경우도 있었다. 그들은 원나라에서 직접 벼슬을 받거나 정동행성 관리가 되어 세도를 부렸다. 보잘것없는 기씨 집안에서는 기씨가 원나라의 황족이나 귀족의 첩이 되어 집안을 일으켜 주길 바라고 있었다. 그러나 기씨가 황실의 궁녀가 되자 크게 실망했다. 평생을 궁녀로만 살 확률이 높았기 때문이다. 그런데 원나라 황실에는 고려에서 온 궁녀와 환관이 많았다. 황제의 총애를 받는 환관은 귀족과 다름없는 권세를 부렸다. 기씨도 이런 환관의 도움으로 황제를 모실 기회를 얻은 것이다.

단정한 용모에 남달리 총명했던 기씨는 황제의 마음을 잘 헤아렸다. 기씨는 점차 환관들을 자기편으로 만들어 세력을 굳혔다. 1335년, 황후가 죽자 기씨는 자신의 세력을 움직여 황후가 되려고 했다. 하지만 황후는

반드시 몽골인 가운데에서만 택할 수 있었기 때문에 반대가 심했다. 기씨는 반대한 귀족들을 모두 기억해 두었다가 차례차례 제거했다. 몇 년 뒤 기씨가 낳은 아들이 황태자가 되자 기씨의 힘은 더욱 커져 황제도 어쩌지 못했다. 원나라 귀족들도 다음 황제의 어머니가 될 기씨를 두려워했다.

드디어 기씨는 꿈에도 그리던 황후가 되었다. 원나라 역사상 몽골 출신이 아닌 여인이 황후에 오른 경우는 오로지 기씨뿐이었다. 기씨의 아버지와 할아버지, 증조할아버지까지 왕의 칭호를 받았으며, 기씨의 어머니는 고려 국왕보다 높은 서열에 올랐다.

온갖 영화를 누렸던 기황후의 운명도 원나라의 몰락과 함께 내리막길을 걸었다. 명나라를 건국한 주원장이 원나라를 무너뜨렸고, 원나라 황제와 그 가족은 몽골 초원으로 달아나 북원을 세웠다. 기황후도 아들과 함께 북원으로 가야 했다. 이후 기황후의 아들은 황제 자리에 올라 소종이 되었지만 북원은 원나라와 같은 번영을 누리지 못했고, 고려에 있던 기황후의 친척은 모두 숙청당해 기황후의 영화도 옛이야기가 되고 말았다.

원나라는 이렇듯 고려인에게 눈물과 한을 주었으며, 때로는 새로운 기회를 주기도 했다.

고려로 온 사람들

고려인들이 즐겨 불렀던 고려 가요에는 여자 손목을 잡는 이야기가 많이 나온다. 우물가에 가면 용왕이 손목을 잡고, 불공을 드리러 가면 주지 스님이 손목을 잡고, 술 사러 가면 술집 주인이 손목을 잡는다.

> 쌍화점에 쌍화 사러 갔더니
> 회회아비 내 손목을 쥐여이다.
> 이 말이 밖에 나거들랑
> 조그만 새끼 광대 네 말이라 하리라.

　위와 같은 가사의 고려 가요 〈쌍화점〉에서 여인의 손목을 잡은 회회아비는 아라비아에서 온 외국인이다. 외국인이 만두나 차를 파는 쌍화점에 앉아 고려 여인에게 수작을 붙일 정도로 개경에는 외국 사람이 많았다.
　원나라는 중앙아시아, 서아시아, 러시아까지 세력을 뻗친 몽골 제국의 중심이었다. 이탈리아 상인 마르코 폴로가 17년이나 원나라에서 벼슬살이를 하다가 고향으로 돌아간 일도 있었다. 그의 이야기를 담은 《동방견문록》은 유럽에서 《성경》 다음으로 많이 읽힌 책이다.
　세계 제국 원나라를 통해 여러 지역 사람들이 고려로 들어왔다. 원나라 공주를 따라온 환관도 있었고, 고려로 시집온 몽골 여인도 있었다. 그리고 쌍화점에 앉아 있는 회회아비처럼 장사를 하러 온 상인도 많았다.
　지배층인 부원 세력과 권문세족은 재산 모으기에 열을 올렸다. 재산이 있어야 원나라에 뇌물을 바쳐 출세할 수 있었고, 전 세계에서 들어온 사치품을 즐기며 살 수도 있었다. 그들은 백성들의 땅을 강제로 빼앗았을 뿐만 아니라 장사나 해외 무역에도 적극적으로 뛰어들었다. 고려 인삼, 잣, 종이, 청자를 원나라 상인에게 팔면 큰 이익을 챙길 수 있었다. 제국 대장 공주나 충혜왕도 직접 나서서 장사와 무역을 할 정도였으니 고려에는 늘 외국 상인들이 넘쳐 났다. 그 가운데에는 고려인의 이름을 얻어

귀화한 경우도 있었다.

고려에 정착한 외국인은 상인뿐만이 아니었다. 벼슬아치 중에서도 외국인이 드물지 않았다. 그 가운데 제국 대장 공주를 따라온 수행원들은 원나라를 믿고 권세를 부려 사람들에게 많은 피해를 입혔다.

몽골인 훌라대는 사치스럽고 호화로운 생활을 했을 뿐 아니라 왕의 명령도 듣지 않고 행패를 부려서 고려 사람들의 원성을 샀다. 심지어 그의 노비가 지나가는 사람의 소를 함부로 빼앗거나 사람을 때려죽여도 처벌하지 못할 정도였다.

서역인 장순룡도 홀라대와 마찬가지로 사치스럽고 막무가내였다. 집 내부와 담장도 얼마나 사치스럽게 치장했는지, 유난히 화려한 담벼락을 '장가(張家)의 담'이라고 부를 정도였다.

하지만 외국인 가운데에는 자신의 실력으로 과거에 합격한 사람도 있었다. 위구르 사람인 설장수가 대표적이다. 설장수는 벼슬을 하면서 명나라에 여러 차례 사신으로 갔었고, 왜구를 막기 위한 방법을 제시했다. 성리학을 공부했던 설장수는 훗날 이성계를 도와 조선을 건국하는 데 공을 세우기도 했다.

성리학과 신진 사대부

만권당에서 성리학을 연구하는 유학자

"이곳이 만 권의 책이 있다는 만권당이구나! 예부터 지금까지의 책을 골고루 갖춰 놓고 있다더니, 과연 대단하네!"

이제현은 연경에 있는 만권당을 둘러보며 고개를 끄덕였다. 충선왕은 왕위를 아들에게 물려준 뒤 재산을 털어 만권당을 만들었다. 만권당은 원나라의 내로라하는 지성인들이 모이는 곳이었다. 송나라 출신 유학자들이 충선왕의 추천으로 원나라에서 벼슬을 했고, 고려 학자들이 이곳에서 선진 학문인 성리학을 배웠다.

어린 나이에 과거에 장원 급제해 이름을 날린 이제현 역시 만권당에서 새로운 학문을 배우고자 했다. 함께 온 박충좌가 옆에서 말했다.

"조맹부와 염복, 우집도 이곳에서 공부한다지? 모두 원나라에서 알아주는 대학자들이 아닌가."

이제현과 박충좌는 충선왕을 만나러 갔다. 만권당의 주인이자 그들을

초대한 장본인이었다. 정치에 뜻을 잃은 충선왕은 만권당에서 여러 학자들과 토론을 하면서 여생을 보내고 있었다.

"먼 길인데 오시느라 고생이 많았소. 이곳에서 좋은 학문을 익히고 돌아가 고려에 보탬이 되도록 하오."

충선왕의 말에 이제현과 박충좌는 머리를 조아렸다.

"지금 이곳에는 성리학이라는 새로운 학문을 공부하는 학자가 많다오. 그대들도 알고 있소?"

"예. 예전에 충렬왕을 모시고 연경에 갔던 안향 선생님이 주자의 책을 구해 오신 적이 있습니다. 저희도 그분을 통해 성리학에 대해 들어서 알고 있습니다."

"성리학은 이전의 유학과는 많이 다르다오. 인간의 본성과 우주의 근본 원리를 연구하는 학문이지. 공부할수록 깊고 오묘한 이치가 끝이 없소. 참, 백이정도 진작부터 여기서 성리학을 공부하고 있으니 많은 도움이 될 것이오."

이제현과 박충좌는 백이정과 함께 밤낮으로 책을 읽으며 성리학을 공부했다. 그들뿐 아니라 과거에 급제한 고려의 젊은 인재들이 만권당에 모여 공부했다. 명필로 이름난 조맹부에게 글씨를 배웠고 염복, 우집과 깊은 토론을 나눴다.

성리학을 연구한 이제현은 고려로 돌아가 이색에게 학문을 전했고, 이색의 뒤를 이어 정도전과 정몽주가 유명한 성리학자가 되었다. 성리학은 고려를 개혁하기 위한 기본 사상이 되었다.

성리학자 이제현이 바라본 고려

원나라에서 돌아오는 길에 밭에서 추수하는 농부를 바라보며 이제현은 한숨을 내쉬었다.

'저렇게 힘들게 농사를 짓는데 농부 손에 남는 것이 얼마나 될까? 보나 마나 저 땅에도 땅 주인이라고 나서는 자들이 서넛은 넘겠지. 서로 자기 몫이라고 세금으로 거둬 갈 텐데, 먹고살기는 고사하고 내년에 뿌릴 씨앗이나 남겠는가?'

말에서 내린 이제현은 농부에게 다가가 물어보았다.

"이 땅은 누구의 땅입니까? 농사짓는 어르신의 땅입니까?"

"어이구, 무슨 말씀을……. 예전에야 제 땅이었지요. 하지만 이제는

고려 불화에 나타난 농민
〈미륵하생경변상도〉에 나타난 농사짓는 모습이다. 곡식을 베고 옮기는 농민의 모습이 그려져 있다.

최씨 집안 땅이랍니다. 저는 이 땅을 빌려서 농사짓고 있지요."

"어쩌다 땅을 잃고 빌려서 농사를 짓는 게요?"

"몇 년 전에 흉년이 들지 않았습니까. 흉년이 들어도 세금을 꼬박꼬박 걷어 가는데, 세금 낼 데가 또 한두 군데라야 말이지요. 몇 섬 안 되는 곡식을 세금으로 다 뺏기고 나니 뭘 먹고 살겠습니까. 부잣집에서 곡식을 빌려 먹고 살 수밖에요. 그런데 이자가 얼마나 비싼지 아무리 갚아도 갚을 수가 없었답니다. 결국에는 곡식 대신 이 땅을 뺏기고 말았지요. 그래도 세금은 계속 내야 하니, 정말 살기가 힘듭니다. 그새 또 빚이 꽤 많이 늘었답니다."

"허허……, 또 빚이 생기다니. 이젠 땅도 없고 어찌 갚으시렵니까?"

"빚을 못 갚으면 노비가 될 수밖에 없지요. 차라리 세금 걱정 안 하니 노비 신세가 편할 것도 같습니다."

농부와 이야기를 나누던 이제현은 가슴속까지 답답해졌다. 권문세족은 산과 강을 경계로 삼을 만큼 넓은 땅을 가지고 있건만, 이렇게 백성들의 토지를 빼앗아 점점 더 부자가 되려고 했다. 땅 한 뙈기에도 주인이라고 나서는 자가 여러 명이라 농민들은 여러 번 세금을 뜯겼다. 세금에 시달리고 권문세족의 횡포에 시달리다가 끝내는 노비가 되는 경우가 많았다. 이 농부도 얼마 뒤에 최씨 집안의 노비가 되고 말 것이다.

'농부가 천하의 근본이고 농부가 망하면 그 나라도 망할 수밖에 없거늘. 위에서는 원나라와 권문세족 때문에 뜻대로 정치를 펴기 어렵고, 아래로는 백성들의 삶이 나날이 고달파지니 참으로 걱정이구나.'

이제현뿐 아니라 뜻있는 사람들은 한결같이 이런 걱정을 했다. 무신들이 권력을 잡은 뒤 문신들은 힘을 잃었다. 그들은 그저 위에서 시키는 일이나 할 뿐이었다. 어떤 사람들은 답답한 심정을 시로 읊거나 권력자들의 횡포와 썩어 가는 사회를 비판하는 글을 썼고, 어떤 사람들은 술로 세월을 보냈다. 그러기를 벌써 100여 년이었다.

성리학을 공부하면서 이제현은 깨달은 것이 있었다. 원나라 세력을 떨쳐 버리고 고려 스스로 일어서야 한다는 것을. 농민을 괴롭히는 자들을 모두 없애고 새 시대를 만들어야 한다는 것을. 새 시대를 만드는 기본 사상은 바로 성리학이 되어야 한다는 것을.

새로운 시대를 꿈꾸는 성리학자들

"스승님, 안에 계신지요? 저 이색입니다."

이색은 뜰에 서서 공손히 여쭀다. 들어오라는 스승의 말에 조용히 방문을 열고 들어가 큰절을 올렸다. 아버지 손에 이끌려 이제현의 제자가 된 지도 벌써 몇 년이 지났다.

"연경에는 잘 다녀오셨는지요?"

이색의 인사에 이제현은 고개를 끄덕이며 한숨을 내쉬었다. 이제현은 원나라에 가서 고려를 원나라 영토로 삼아 달라는 사람들을 비판하고, 고려가 계속 존재해야 한다고 원나라 조정을 설득하고 돌아온 길이었다.

"부원 세력이 자꾸만 고려 땅을 원나라 영토로 삼으려고 하니 참으로 통탄할 노릇이구나. 이번이 벌써 몇 번째인지……."

"도대체 그 사람들은 어느 나라 사람인지 모르겠습니다. 그렇게 많은 부귀영화를 누리고도 백성들을 돌볼 생각을 하지 않다니, 벼슬은 뭣하러 하고 있는지…….”

“그러게 말이다. 벼슬아치라면 위로는 왕을 잘 섬기고, 아래로는 백성을 보살펴야 하거늘.”

“스승님, 성리학을 공부하는 유학자들은 능력과 뜻이 있으나 벼슬에 나갈 길이 없습니다. 가문 좋은 사람들은 유학도 모르고 과거도 보지 않으면서 온갖 벼슬을 다 하는데 말입니다.”

“우선 과거 제도가 제대로 자리를 잡아야 유학자들이 벼슬에 나갈 수 있는 길이 열릴 것이다. 벼슬길에 이미 나간 사람이 다른 걱정 없이 나랏일에 전념해야 할 텐데, 지금 나라 곳간이 비어 그들에게 녹을 제대로 줄 수 없으니 그 또한 문제이니라.”

이제현
고려 말기의 문신이자 성리학자. 중국의 성리학을 직접 접하면서 연구해 성리학의 수용과 발전에 크게 이바지했다.

이제현의 젊은 제자들은 열심히 공부해 벼슬을 하고, 백성을 위한 바른 정치를 펴는 것이 꿈이었다. 하지만 그들은 대부분 지방 향리의 자식이거나 지주 출신이었다. 먹고사는 데 걱정은 없었지만 부귀영화와는 거리가 멀었다. 또 과거 제도는 있으나마나 해서 이들이 벼슬자리에 나가는 길이 쉽지 않았다.

공부를 하지 않아도 부모 덕에 음서로 관직에 오르고, 끝이 보이지 않는 넓은 땅을 갖고, 가난한 백성들을 노비로 만들 궁리나 하고, 기회만 있으면 원나라에게 고려를 바치려는 부원 세력과 권문세족은 그들이 넘어야 할 대상이었다. 그들의 목표는 능력에 따라 과거를 통해 벼슬을 하고, 오로지 한마음으로 임금을 섬기는 깨끗하고 유능한 관리들이 출세하고, 농민들은 아무 걱정 없이 농사를 짓는 세상을 만드는 것이었다.

이제현의 집에서 나온 이색은 평소 다니던 절로 발걸음을 옮겼다. 부처님께 시주를 하고 병상에 계신 아버지의 병을 낫게 해 달라고 불공을 드릴 참이었다. 절 근처에 다다르자 장생표가 보였다. 절이 소유한 땅임을 알려 주는 표시였다. 절은 왕실이 내려 준 사원전에다 권문세족이 시주한 토지, 스스로 농민들에게 사들인 땅까지 가진 대지주였다. 절 근처 마을에 사는 사람들은 대부분 절 소유의 땅을 빌려서 농사짓고 있었다.

"쯧쯧, 부처님의 제자라 해도 권문세족과 하는 일이 다르지 않구나."

이색은 혀를 차며 장생표를 쳐다보았다. 불교는 삼국 시대부터 내려온 전통이 깊은 종교였다. 백성들이 삶에 지쳐 힘들 때마다 의지하고, 위로

장생표
경상남도 양산 통도사에 있는 장생표이다. 영토의 경계를 알려 주는 비석인 장생표에 적힌 논밭을 따져 보면 절에 딸린 농장의 규모를 짐작할 수 있었다.

받는 생활의 일부분이었다. 하지만 지금은 오히려 백성들에게 피해를 주고 있었다. 초나 종이, 연등이나 기와를 팔아 수입을 챙기는 정도는 이해할 수 있었다. 술을 빚어 파는 것도 괜찮았다. 하지만 어려운 백성들에게 곡식이나 옷감을 빌려주고 턱없이 높은 이자를 받는 것은 부처님의 제자가 할 짓이 아니었다. 심지어 빚을 갚지 못한 백성의 토지를 빼앗는 일도 서슴지 않았다.

"불교 자체를 없앨 수는 없지만, 나쁜 점은 뜯어고쳐야 할 텐데……."

이색은 불교에 대해 너그럽게 생각하는 편이었다. 이색과 함께 성리학을 공부하는 학자들 가운데에는 아예 불교 자체를 없애자고 하는 사람도 있었다. 승려는 부모에게서 물려받은 머리카락을 모두 밀어 버리고 부모를 모시지도 않으니 불효한 사람이며, 왕보다 부처를 더욱 섬기니 불충한 자라고 비난하기도 했다. 절이 가진 토지를 모두 몰수해서 나라 살림에 보태고, 승려들을 절에서 내쫓아 농사를 짓도록 하자는 주장도 있었다.

"부처님, 제 아비의 병을 낫게 해 주소서. 이 나라를 보살펴 주소서."

이색은 절 마당 한가운데에 커다랗게 솟아 있는 탑 앞에서 합장을 하며 중얼거렸다.

문화재를 찾아서

경천사 10층 석탑을 찾아서

국립 중앙 박물관 전시관 1층, 가운데 통로를 따라 걷다 보면 높다란 천장 아래 하얗게 빛나는 10층 대리석 탑이 아름다움을 뽐내며 서 있다. 사방으로 뚫린 창문으로 들어오는 햇살은 석탑을 위해 하늘에서 비춰 주는 조명 같다. 가까이 가서 보면 매끈한 대리석으로 만들었음을 알 수 있다. 빈틈이 없을 정도로 섬세한 조각이 새겨져 있는 중간중간 대리석이 떨어져 나가고 녹아내린 흔적이 보인다. 2층으로 올라가면 탑의 중간 부분을 볼 수 있으며, 3층으로 올라가면 탑을 위에서 내려다볼 수 있다. 기둥과 서까래, 기왓골까지 마치 나무로 만든 집을 보는 듯하다.

원나라가 고려를 지배한 흔적이자 고려가 원나라 문화를 받아들여 위대한 작품으로 승화시킨 흔적인 경천사 10층 석탑은 이렇게 박물관 한 자락에 자리를 잡고 우리를 기다리고 있다.

경천사는 경기도에 있던 절이다. 원나라의 간섭을 받던 충목왕 때 이곳에 새로운 탑을 세웠다. 원나라 황실과 고려 왕실을 축복하기 위한 탑으로 원나라에서 직접 기술자를 데려다 만든 것이다. 원나라에서 유행하던 라마교의 영향을 받아 회백색으로 반짝이는 대리석을 화려하게 조각했다.

다양한 석탑들이 선보인 고려 시대에도 경천사 10층 석탑의 아름다움은 특별했다. 100년 뒤 조선의 세조 임금이 세운 원각사에도 이 탑을 본떠 10층 석탑이 만들어질 정도였다.

고려 후기에는 원나라 영향을 받아 탑이나 건물이 한 층 화려해졌다. 개성 남대문처럼 팔작지붕이

개성 남대문
개성 나성의 정남문으로 1394년(조선 태조 3)에 지어졌다. 고려 말의 건축 기법을 잘 보여 주며 팔작지붕으로 장식했다.

건물을 장식하게 된 것도 이때부터다. 팔작지붕은 조선 시대로 이어져 우리 전통 건축의 한 부분을 차지하게 되었다. 이렇게 원나라 문화는 고려 전통 양식과 결합해 우리 문화를 한층 풍부하게 만들어 주었다.

경천사 10층 석탑은 그 아름다움 때문에 수난을 당하기도 했다. 1907년, 한 일본인이 이 탑을 일본으로 실어 간 것이다. 많은 사람의 노력 덕분에 몇 년 만에 겨우 돌아온 경천사 10층 석탑은 1960년부터 경복궁에 자리 잡고 관광객을 맞았다.

그러나 이번에는 서울의 환경 오염이 이 탑을 괴롭혔다. 오염된 산성비는 아름다운 대리석 조각을 녹여 버리고 비둘기가 놀이터 삼아 탑을 더럽혔다. 결국 국립 중앙 박물관을 새로 지으며 지금 있는 곳으로 자리를 옮겼다. 산성비와 비둘기로부터 안전하게 보호받을 수 있었지만 하늘과 바람과 직접 만날 수 없는 실내에 갇힌 신세가 되고 말았다.

경천사 10층 석탑
석탑 몸돌 부분에는 부처·보살·풀·꽃무늬 등이 뛰어난 조각 기법으로 새겨져 있다. 원나라 장인의 솜씨이지만 고려의 분위기도 많이 간직하고 있다.

1350년
- 1351년 공민왕 즉위
- 1356년 쌍성총관부 되찾음
- 1359년 홍건적 침입

1360년
- 1361년 이성계, 홍건적 격퇴
- 1363년 문익점, 원에서 목화씨를 가져옴
- 1366년 신돈, 전민변정도감 설치

3
새로운 시대를 준비하는 사람들

1370년
1376년 최영, 왜구 격퇴
1377년 최무선, 화약 무기 제조

1380년
1388년 이성계, 위화도 회군
1391년 이성계, 군사권 장악
1392년 고려 멸망, 조선 건국

공민왕의 개혁 정치

자주의 깃발을 든 공민왕

1351년 겨울, 원나라에서 새로운 왕이 오는 날이었다. 재상 이제현은 차가운 북풍을 맞으며 왕을 맞이하러 나갔다. 그동안 원나라가 국왕을 자꾸 바꾸는 바람에 고려 왕은 왕 노릇을 제대로 할 수 없었다. 어린 나이에 왕좌에 오른 왕은 복잡한 나랏일을 이끌어 나가기 힘들었고, 그 틈을 타서 제 잇속을 채우려는 무리가 조정을 차지했다.

　이제현은 오래전부터 마음속으로 왕이 되길 바라던 사람이 있었다. 바로 공민왕이었다. 이제야 나랏일을 바로잡게 될 것이라고 생각하니 차가운 바람도 따뜻하게 느껴졌다.

　"먼 길 오시느라 고생 많으셨습니다. 원나라 황실은 어떤지요?"

　"매우 어렵다오. 한족들이 반란을 일으켰는데, 그 세력이 너무 커서 진압하질 못하고 있소."

　이제현의 안내를 받으며 공민왕은 궁으로 들어섰다. 공민왕은 열두 살

〈천산대렵도〉
공민왕이 그렸다고 추정되는 그림이다. 사냥하는 사람이 몽골 풍속인 변발을 하고 있다. 고려 말에는 이같은 몽골 풍속이 크게 유행했다.

되던 해에 원나라로 떠나 10년 만에 왕이 되어 돌아왔다. 이제 공민왕의 나이 스물둘. 한참 피 끓는 젊은이였지만 왕위 계승 다툼을 몇 번 겪으면서 노련한 정치가다운 느낌을 풍겼다.

공민왕은 원나라에서 아버지와 형이 폐위되어 끌려온 것을 보았다. 한때 고려 왕이었던 형 충혜왕은 죄인 취급을 받으며 끌려다니다 비참하게 죽었다. 그때부터 공민왕은 꿈을 꾸었다. 원나라의 간섭을 받지 않는 자주적인 나라의 왕이 되는 꿈을. 원나라에게 빼앗긴 옛 땅을 되찾는 꿈을.

공민왕은 즉위하자마자 신하들에게 몽골식 복장과 변발을 금하고 고려의 옛 풍습을 되살리기 위해 노력했다. 그러나 그것은 자신의 꿈을 이루기 위한 시작에 불과했다.

이 무렵 원나라는 황제가 자주 바뀌면서 정치가 불안해졌고, 곳곳에서 농민들이 반란을 일으켜 고려에 구원병을 요청할 정도로 나라의 분위기가 어수선했다.

공민왕은 군대를 보내 원나라를 도와주는 한편 원나라의 사정을 자세히 파악하도록 했다. 원나라가 고려에 간섭하기 힘들 만큼 사정이 어렵다는 것을 알게 된 공민왕은 드디어 기회가 왔다고 생각했다.

"우선 원나라와 내통하는 세력부터 없앨 것이다. 지금 당장 부원 세력을 모두 불러라."

기황후의 오빠인 기철을 비롯해 원나라 황실과 친척 관계에 있는 사람들이 왕의 부름을 받았다. 공민왕의 지시를 받은 군사들은 궁으로 들어오는 사람들을 죽이고 가족들을 잡아들였다. 공민왕의 개혁 정치가 시작된 것이다.

공민왕은 부원 세력의 중심지이면서 고려의 정치를 간섭하던 정동행성부터 없애 버렸다. 원나라의 연호도 사용하지 않겠다고 발표했다. 원나라 연호를 사용하지 않겠다는 것은 더 이상 원나라의 속국이 아니라는 뜻이었다. 원나라의 간섭으로 바뀌었던 정치 기구도 원래대로 돌려놓았다.

공민왕의 자주 개혁을 반기는 사람들도 있었지만, 원나라와 깊은 관계를 맺고 있는 사람들은 속으로 불만을 가졌다. 공민왕은 계속해서 원나라에게 빼앗긴 영토를 되찾기 위해 군사를 일으켰다. 고려가 원나라에게 빼앗긴 영토는 자비령 이북(오늘날의 평안도 지역), 철령 이북(오늘날의 함경도 지역), 탐라(오늘날의 제주)였다. 원나라는 자비령 이북 지역에 동녕부를,

철령 이북 지역에 쌍성총관부를 설치해 이 지역을 지배했다. 그 가운데 동녕부는 충렬왕 때 돌려받았고, 탐라 지역은 말을 계속 대 주는 조건으로 고려가 관리하고 있었다. 이제 남은 곳은 쌍성총관부뿐이었다.

쌍성총관부를 되찾다

"쌍성총관부를 몰아내자면 그 지역을 지배하고 있는 이자춘의 도움이 꼭 필요하오."

"하지만 전하, 이자춘은 원나라의 벼슬을 받아 그 지역을 다스리고 있지 않습니까? 오래전 고려에서 죄를 지어 도망한 사람들의 후손인데, 고려 편을 들어줄까요?"

"걱정하지 마시오. 동북 지역은 군사적으로 중요한 지역이기 때문에 고려에서도 그들을 서운하지 않게 대접해 왔소. 그리고 이씨 집안도 고려 조정에서 벼슬을 받으며 살아온 사람들이오. 현명하게 지금의 상황을 잘 판단할 게요."

공민왕은 이자춘과 그의 아들 이성계를 불렀다. 이자춘 집안은 고려 동북 지역의 실력자였다. 원나라에서도 이씨 집안의 영향력을 인정해 벼슬을 내려 주었다. 하지만 공민왕의 부름을 받자 이자춘은 고려 편을 들기로 결심했다. 이자춘은 아들 이성계와 함께 공민왕을 만났다.

"나는 그대의 조상들이 비록 몸은 고려 밖에 있었으나 마음은 항상 고려 왕실을 생각하고 있었음을 잘 알고 있다. 선왕들께서도 그대 집안을 가상하게 여기고 계셨다. 그대 역시 고려 왕실을 위해 일해 준다면, 나는 그대와 그대 자손들을 크게 성공시켜 주겠다."

공민왕의 말에 이자춘은 고개를 숙였다.

"저희는 오랫동안 동북 지역을 다스려 왔습니다. 제가 비록 원나라의 벼슬을 받고 있으나 고려인입니다. 어찌 부름에 응하지 않겠습니까. 동북 지역에는 고려인뿐 아니라 여진족도 많이 살고 있습니다. 또 북쪽에 살고 있는 여진족까지 동원할 수 있으니 쌍성총관부 탈환을 저희 부자에게 맡겨 주십시오."

공민왕은 이자춘 뒤에 서 있는 이성계를 보았다. 나이는 스물 남짓 되었을까, 이제 겨우 턱에 수염이 나기 시작한 젊은이였다. 하지만 다부진 체격이며 날카로운 눈빛이 예사롭지 않았다.

"그대의 아들인가? 귀신처럼 활을 잘 쏘고, 말을 잘 탄다는 말을 들었는데, 앞으로 고려를 위해 큰일을 해 줄 인재로구나."

공민왕의 칭찬에 이자춘의 얼굴이 환해졌다.

"작은 재주나마 고려를 위해 쓸 수 있다면 영광일 따름이옵니다."

"그대들은 돌아가서 원나라 편을 들려는 흉측한 무리가 반역을 도모하지 않도록 나의 백성들을 잘 지키고 나의 명령을 기다리도록 하라."

공민왕이 유인우와 최영 등을 보내 쌍성총관부를 탈환할 때 이자춘과 이성계는 고려군을 도와 땅을 되찾는 데 힘을 보탰다. 고려는 쌍성총관부를 되찾고 마천령 이북까지 진출했다. 고려가 원나라에게 빼앗겼던 모든 땅을 되찾은 것이다. 영토를 빼앗긴 지 100여 년 만의 일이었다. 공민왕의 꿈이 실현되는 것 같았다. 하지만 개혁은 아직 끝나지 않았다. 고려에는 여전히 부원 세력이 남아 있었고, 중국에는 원나라가 버티고 있었다.

공민왕의 거듭되는 시련

공민왕은 개혁의 깃발을 높이 내걸었지만, 공민왕의 주변에는 믿고 개혁을 맡길 만한 사람이 없었다. 대부분 원나라와 깊은 관계를 맺고 있었고, 부원 세력이나 권문세족과도 친했기 때문이었다. 또 남쪽에는 왜구들이 몰려와 골치를 썩였고, 북쪽에는 홍건적이 쳐들어와 백성들을 괴롭혔다.

원나라의 농민 반란군인 홍건적이 고려의 국경을 침입하기 시작한 것은 1359년부터였다. 그때마다 고려는 군대를 보내 홍건적을 물리쳤다. 하지만 1361년에는 10만이 넘는 대규모 부대가 들이닥쳤다. 고려군은 있는 힘을 다해 싸웠지만 크게 패하고 말았고, 홍건적은 단숨에 자비령을 넘었다. 서경은 물론이고 개경까지 위태로웠다.

　결국 공민왕은 왕실 가족을 데리고 개경을 빠져나갔다. 왕이 개경을 나가기가 무섭게 홍건적이 들이닥쳤다. 미처 피란 가지 못한 사람들은 홍건적의 손에 비참하게 죽어 나갔다.

　한겨울, 공민왕은 안동까지 피란을 가야 했다. 날씨는 추운데 비까지 내렸다. 공민왕의 옷은 비에 젖은 채 얼어붙었다. 겨우 머무를 곳을 찾아 짚불을 피워 왕과 왕비의 옷을 말렸다. 공민왕이 이렇듯 피란길에서 고생을 하고 있을 무렵, 홍건적은 개경을 약탈하며 온갖 행패를 부리고 있었다.

안동웅부 현판
공민왕이 홍건적을 피해 안동으로 피란 갔을 때 썼다고 전한다. 공민왕이 안동을 대도호부로 승격하면서 내린 현판이다.

3 새로운 시대를 준비하는 사람들 · 99

백성들 사이에는 홍건적이 사람의 살을 베어 구워 먹는다는 소문까지 돌았다.

그 사이에 정세운, 안우, 이방실, 김득배, 최영, 이성계 같은 무장이 홍건적을 물리치고 개경을 되찾았다. 홍건적을 이끌던 두목들도 모두 잡혀 죽었고, 남은 무리는 압록강을 건너 도망을 쳤다. 그때서야 공민왕은 안심하고 개경으로 돌아갈 준비를 했다. 그러나 공민왕의 불행은 여기서 끝나지 않았다.

안동에서 개경으로 돌아오는 길에 날이 저물자 공민왕 일행은 흥왕사에 머무르기로 했다. 그런데 그날 밤 반역을 꿈꾸는 무리가 흥왕사를 습격했다. 믿었던 신하 김용이 원나라의 지시를 받고 공민왕을 죽이려고 한 것이다.

"반역입니다. 어서 피하십시오."

내시 이강달의 외침에 공민왕은 허둥지둥 일어났다. 이강달은 공민왕을 업고 태후의 밀실에 숨겨 두었다. 다른 내시 안도적이 공민왕의 옷을 입고 대신 누워 있었다.

"어서 피하십시오. 소신이 대신 칼을 받겠습니다. 역적들이 소신을 죽이고 나면 반역이 성공한 줄 알고 안심할 테니 그 시간을 노려 역적을 처단하시옵소서."

공민왕은 서둘러 몸을 숨겼다. 안도적을 죽인 뒤 만세를

부르던 역적들은 공민왕이 살아 있는 것을 알고 태후의 밀실까지 뒤지려고 했다. 그때 노국 대장 공주가 나섰다.

"무엄하다. 여기가 어디라고 함부로 들어오려는 게냐!"

노국 대장 공주의 호통에 역적들은 주춤거렸다. 노국 대장 공주는 원나라의 공주였기 때문에 그들도 함부로 대할 수가 없었다.

"공주마마, 소신들은 그것이 아니오라……."

"시끄럽다. 내 원나라에 그대들의 무례함을 고해 올릴 것이다. 이곳은 태후와 내가 있는 곳으로 남자들은 들어올 수 없으니 어서 물러들 가라."

서슬 퍼런 공주의 호통에 역적들은 발길을 돌렸다. 반역이 일어났다는 소문을 들은 신하들은 군대를 모아 왕을 구하러 달려왔다. 이렇게 공민왕은 충성스러운 신하들과 왕비 노국 대장 공주의 지혜로 겨우 목숨을 건져 개경으로 돌아왔다.

그러자 이번에는 원나라에서 왕을 폐위한다는 통보가 날아왔다. 벌써 왕족인 덕흥군이 고려의 왕으로 임명되어 원나라 군대 1만 명을 이끌고 압록강까지 들어와 있었다.

"나를 내쫓고 덕흥군을 고려 왕으로 세운다고? 내가 기철 일당을 없애고 영토를 되찾은 것 때문이군. 하지만 그렇게 쉽게 왕좌를 내줄 수는 없지."

공민왕은 원나라에서 볼모 생활을 하던

공민왕과 노국 대장 공주
노국 대장 공주는 공민왕의 왕권 강화에 기여하며 공민왕의 개혁 정치에 힘을 보탰다.

시절을 떠올렸다. 아버지도 형도 폐위되어 끌려와 죄인처럼 갇혀 살아야 했다. 특히 형이 원나라로부터 온갖 수모를 겪던 일을 공민왕은 생생하게 기억하고 있었다.

"나는 아버지나 형처럼 되지 않아. 고려의 힘으로 왕위를 지켜 내겠어."

공민왕은 힘없이 폐위당한 이전의 고려 왕과 달리 최영과 다른 장군을 보내 덕흥군의 군대를 물리치고 왕좌를 지켜 냈다.

덕흥군 편을 들었던 고려 관리들은 모두 벌을 받고 귀양을 갔다. 공민왕을 폐위시키겠다며 기세등등했던 원나라는 모든 것이 오해였다며 꼬리를 내렸다.

홍건적의 침입, 신하의 배신, 원나라의 공격까지 숨 돌릴 틈 없이 살아온 공민왕에게 또다시 시련이 닥쳤다. 왕비 노국 대장 공주가 아이를 낳다가 세상을 떠난 것이다. 비록 원나라의 공주였지만 공민왕은 왕비를 지극히 사랑했다. 공민왕과 결혼한 순간부터 자신은 원나라의 공주가 아니라 고려의 왕비라며 공민왕을 격려해 주던 왕비였다. 왕비의 죽음은 공민왕에게 큰 슬픔을 가져다주었다.

신돈, 공민왕을 만나다

이름 없는 승려였던 신돈은 어느 날 공민왕의 부름을 받고 궁으로 향했다. 유명한 승려도 아닌 자신을 공민왕이 찾는 이유가 궁금했다. 몇 해 전 공민왕을 처음 만났을 때, 왕은 다 떨어지고 해진 옷을 입은 신돈을 보고 감동을 받았다며 많은 상을 주었다. 주변에 있는 다른 승려들과 너무나 달라 보였기 때문이다.

신돈의 어머니는 절의 종이었다. 신돈은 어릴 때 승려가 되었지만, 대부분 좋은 집안 출신이었던 다른 승려들은 신돈을 천하게 여겨 함께 어울리지 않았다. 신돈 역시 그들이 마땅치 않았다. 집안을 내세우며 거만하게 행동하는 것도, 겉으로는 고상한 척하면서 백성들의 재산을 함부로 빼앗는 것도, 힘 있는 권문세족에게 굽실거리는 것도 다 보기 싫었다. 그래서 왕 앞에 나갈 때 오히려 더 초라한 옷을 입었던 것이다. 신돈은 이번에도 너덜너덜한 옷을 찾아 입고 궁으로 갔다.

"대사를 왕사로 임명해 스승으로 삼고 싶습니다."

공민왕의 말에 신돈은 깜짝 놀랐다.

"내 주위에 사람은 많으나, 믿고 나랏일을 의논할 사람이 없습니다. 권문세족들은 모두 친척이라 서로 감싸기만 할 뿐 잘못이 있어도 밝혀내려고 하질 않습니다. 서로 서로 이해관계가 얽혀 있으니 다들 개혁을 싫어합니다. 내가 어떤 일을 추진하려고 하면 자신들에게 손해가 미칠까 봐 반대부터 하지요."

공민왕에겐 권문세족과 아무 연관이 없는 사람이 필요했다. 공민왕은 신돈에게 모든 권력을 맡겼다. 신돈은 권문세족을 억누르고, 백성의 삶을 안정시키는 역할을 맡았다.

신돈은 먼저, 땅의 원래 주인을 밝히는 데 힘을 쏟았다. 권문세족들은 힘없는 백성들의 토지를 강제로 빼앗거나 국가의 땅을 몰래 차지했다. 이렇게 모은 넓은 토지에 사람들을 데려다 농사를 짓게 했는데, 농사지을 사람을 모으기 위해 평민을 데려다 노비로 삼는 경우도 많았다.

신돈은 이 문제를 해결하기 위해 전민변정도감이라는 관청을 설치했다. 이 관청에서는 권문세족이 빼앗은 토지를 조사해 본래 주인에게 돌려주고, 억울하게 노비가 된 사람을 조사해 풀어 주게 했다. 졸지에 땅과 노비를 잃은 권문세족은 신돈을 원수로 생각했지만 땅을 돌려받은 농민과 노비 신세를 면한 사람들은 성인이 나셨다며 신돈을 칭송했다.

신돈은 교육에도 힘을 기울였다. 개혁을 뒷받침해 줄 세력이 필요했기 때문이었다. 홍건적의 침입 때 무너진 학교를 다시 짓고, 과거 제도를 바로잡았다. 이 과정에서 정도전, 정몽주, 이숭인 같은 성리학자들이 정치 무대에 등장했다. 이제현이나 이색의 뒤를 이은 젊은 성리학자들은 신진사대부라는 새로운 세력으로 성장했다. 이들은 훗날 조선 건국의 중심 세력이 되었다. 다른 한편으로 권문세족을 제거했다. 신돈을 못마땅히 여기던 사람들부터 차례로 내쫓기거나 죽임을 당했다.

신돈의 세력은 점점 더 커졌다. 왕과 나란히 앉아 대화를 나누고, 왕이 직접 걸어서 신돈의 집에 가는 일도 잦아졌다. 심지어 왕이 절을 해도 신돈은 고개를 숙이지 않을 정도였다. 또 궁궐처럼 호화로운 저택을 짓고 아름다운 여자들을 불러들여 사치스러운 생활을 했다.

신돈을 비난하는 목소리가 높아졌고 심지어 신돈이 반역을 꾀한다는 소문마저 돌았다. 공민왕도 신돈의 권력이 너무 커지는 것을 못마땅하게 여겼다. 결국 신돈은 반역죄로 죽임을 당했다.

실패한 개혁, 표류하는 고려

고려에서 신돈이 권력을 휘두를 무렵, 중국에서는 농민 반란의 지도자였던 주원장이 세력을 키워 원나라 황실을 내쫓고 중국을 차지해 나라를 세웠다. 바로 명나라였다. 원나라는 몽골 초원 지대로 밀려나 북원이 되었다.

고려는 중국의 새 주인인 명나라와 몽골에 자리 잡은 북원 사이에서 시달렸다. 한동안 고려의 눈치를 보던 명나라는 나라가 안정되자 엄청난 공물을 요구했다. 원나라로부터 되찾은 고려의 영토를 요구하는가 하면 제주도 말 수천 필을 달라고 했다. 말을 듣지 않으면 고려를 정벌하겠다는 협박도 서슴지 않았다. 제주에서는 명나라에게 말을 줄 수 없다며 반란을 일으켰다. 또 북원에서는 황제가 된 기황후의 아들이 공민왕 대신 친원파를 새로운 고려 왕으로 만들려고 했다.

공민왕은 자신의 지난날을 돌아보았다. 원나라에서 인질로 살던 시절, 노국 대장 공주와 만나 결혼하고 사랑한 일, 어려움 끝에 고려의 왕이 되어 개혁을 추진하던 일이 하룻밤 꿈처럼 스쳐 지나갔다.

"20년 넘도록 노력했는데 과연 개혁된 것이 무엇이냐? 백성들의 살림살이는 여전히 어렵고, 강대국은 아직도 고려를 괴롭히고 있구나. 내가

그동안 한 일은 다 무엇이란 말이냐?"

마음이 약해진 공민왕은 술로 세월을 보냈다. 안팎으로 시달리던 공민왕이 여느 때처럼 술에 취해 잠이 들었을 때 몇몇 사람이 공민왕의 침실에 숨어들었다. 그들은 잠든 공민왕을 칼로 내리쳤다. 벽과 옷에 피가 튀었다.

　공민왕이 자신을 죽일까 봐 두려워하던 내시 최만생과 권문세족 홍륜 등이 저지른 일이었다.
　공민왕의 죽음으로 개혁의 시대는 막을 내렸다. 권문세족과 과거를 통해 들어온 신진 사대부가 대립하고, 새로 일어난 명나라와 저물어 가는 북원이 으르렁대는 가운데 고려는 표류하고 있었다.

어지러운 시대, 떠오르는 새 세력

화포로 왜구를 물리친 최무선

오늘도 최무선은 중국의 옛 책을 뒤져 보며 화약에 대해 연구하고 있었다. 최무선은 벼슬마저 내놓고 20년 가까이 화약 연구에 매달려 왔다. 고려는 화약 제조의 비밀을 알아내지 못해 북원이나 명나라에 가서 화약을 얻어 와야 했다. 하지만 충분한 화약을 얻어 오기가 쉽지 않았다.

그러던 어느 날, 최무선은 화약 만드는 비법을 알고 있다는 이원이라는 중국인을 만났다. 최무선은 이원에게 살 집을 마련해 주고 극진히 대접했다. 하지만 비밀을 쉽게 알아낼 수는 없었다.

"이리 잘해 주시니 감사합니다만, 아시다시피 화약 만드는 법은 나라의 비밀에 해당합니다.

최무선 동상
스스로 개발한 화약 무기로 왜구를 물리친 최무선의 모습이다.

따라서 다른 사람에게 함부로 알려 줄 순 없답니다. 참으로 난처하군요."

"저도 잘 알고 있습니다. 제가 화약 연구에 매달려 온 지 벌써 20여 년입니다. 다른 것은 어느 정도 알겠는데 염초를 구워 내는 방법을 몰라서 말이죠. 그것만 어떻게……."

최무선의 정성에 감동한 이원은 결국 염초 만드는 법을 알려 주었다. 그 뒤로도 연구를 계속한 최무선은 강력한 화약 무기를 만들었다. 사람들의 비웃음을 무릅쓰고 화약 연구에 몰두한 지 30년 만의 성과였다.

최무선이 화약 무기를 만들고자 한 것은 왜구 때문이었다. 왜구는 일본에서 건너온 해적이었다. 처음에는 바다를 오가는 배를 공격하더니, 세력이 커진 뒤에는 동해안이나 남해안을 습격했다. 나라에 세금으로 바칠 쌀을 몽땅 털어 가고, 사람을 죽이거나 사로잡아 노예로 팔아먹었다. 왜구의 횡포가 심해서 바닷가에 사람이 살 수 없을 지경이었다.

왜구의 노략질
고려 말 해적인 왜구는 대담하고 잔인하기로 유명했다. 광해군 때 펴낸 《신삼강행실도》에 있는 그림이다.

"왜구들은 모두 바다를 통해 들어오니, 수군을 키워 왜구를 물리쳐야 한다. 바다에서 싸우자면 뭐니 뭐니 해도 화약 무기가 좋아야 해. 왜구의 배가 가까이 오기 전에 화포를 쏘아 배를 태워 버리면 되니까."

최무선은 화약 무기를 개발하는 화통도감의 책임자가 되었다. 그곳에서 최무선은 쇠 포탄이나 불화살 같은 무기를 20가지 넘게 개발했다.

드디어 최무선의 화약 무기가 빛을 발할 기회가 왔다. 1380년 8월, 금강 어귀 진포에 2만 명이 넘는 왜구가 500여 척의 배를 타고 들어왔다. 고려 정부는 최무선에게 화약 무기로 왜구를 물리치라고 명했다. 고생해서 만든 무기를 들고 전쟁터로 나가는 최무선의 마음은 두근거렸다. 최무선은 쇠 탄환을 쏘아 배에 구멍을 내고, 불화살을 쏘아 왜구들의 배를 모두 태워 버리기로 했다. 쾅쾅거리는 화포 소리가 천지를 뒤흔들었다. 소리가 날 때마다 왜구의 배가 하나씩 불길에 휩싸여 바다로 가라앉았다. 최무선

이 그토록 고생해 가며 만든 무기가 제 역할을 해낸 것이다.

하지만 왜구와의 싸움은 여기서 끝이 아니었다. 살아남은 왜구들은 배가 없어 돌아가지 못하고 남원까지 올라와 약탈했다. 고려 정부는 다시 이성계를 총대장으로 삼아 왜구를 무찌르게 했다. 이성계는 황산에서 왜구들을 맞아 큰 승리를 거뒀다. 왜구들의 피가 냇물을 붉게 물들였으며 포로로 잡은 왜구가 6000여 명이었다.

화포
최무선이 대포 등의 탄환을 쏠 때 사용한 화포의 모습을 재현했다.

최무선의 화약 무기가 빛을 발한 진포 싸움, 이성계의 용맹이 돋보인 황산 대첩은 왜구에게 시달리던 백성들에게 큰 위안을 주었다. 이성계는 황산 대첩으로 최영에 버금가는 유명한 무장이 되었다. 그리고 최무선의 화약은 조선 시대까지 이어져 우리를 지켜 주는 중요한 무기가 되었다.

최영과 요동 정벌

하얗게 눈이 내린 밤이었다. 최영은 밤늦게 뜻밖의 방문객을 맞았다. 우왕이 조용히 그를 찾아온 것이었다.

"더 이상 이인임을 두고 볼 수가 없소. 이인임의 무리를 모두 쓸어버리고 나라를 안정시키고자 하는데, 장군의 뜻은 어떻소?"

우왕의 말에 최영은 깜짝 놀랐다.

14년 전, 공민왕이 갑자기 세상을 떠났을 때 우왕은 겨우 열 살이었다. 왕이 되기에는 너무 어리다며 반대하는 사람도 있었지만, 이인임은 끝까지 공민왕의 아들이 왕위에 오르는 것이 당연하다며 우왕을 지지했다. 그 뒤 14년 동안 이인임은 왕을 능가하는 권세를 누려 온 것이다.

"지난달에 반역죄로 잡힌 조반을 알고 있소? 지금 감옥에서 그의 처자식까지 모진 고문을 받고 있소. 그런데 알고 보니 조반이 반역을 한 게 아니었다오."

우왕은 기가 막힌 듯이 말을 이어 갔다. 이인임, 임견미와 함께 권력을 휘두르던 염흥방이라는 자가 있는데, 염흥방의 노비가 조반의 토지를 빼앗은 일이 있었다. 이에 조반이 토지를 돌려 달라며 항의하자 염흥방은

 토지를 빼앗은 걸 미안하게 생각하기는커녕 자신에게 대든다며 괘씸하게 생각했다. 그래서 이인임에게 부탁해 반란죄를 뒤집어씌웠던 것이다.
 "아무리 왕이 우스워도 그렇지, 너무하지 않소? 벼슬까지 한 조반에게 노비가 행패를 부릴 정도면 백성에게는 오죽하겠소. 노비를 시켜 땅 주인을 물푸레나무로 때려서 그 땅을 빼앗는다는 소문도 있다오. 이 대감 댁 물푸레나무 몽둥이가 땅 문서라는 말까지 있다니 말이오. 염흥방, 임견미는 이인임을 믿고 이런 짓을 하고 있는 것이오. 더 이상 두고 볼 수가 없소. 믿을 사람은 장군뿐이니 도와주시오, 장군."
 우왕의 부탁과 명령을 받은 최영은 이성계에게 연락했다. 고려 최고의 두 장군이 손을 잡은 것이다. 최영과 이성계는 조반과 그 가족을 구출하고 이인임, 염흥방, 임견미 같은 권세가를 잡아들이기 시작했다. 그들의 손발이 되어 백성의 토지를 빼앗고 횡포를 부렸던 노비와 부하 1000여 명도 잡아 죽였다. 영원할 것처럼 보였던 이인임의 시대도 끝이 났다. 백성들의 삶을 돌볼 줄 모르고 부귀와 사치를 탐낸 결과였다. 우왕은 이인임을 대신해서 최영에게 모든 권력을 맡겼다.

이인임이 죽은 뒤 한 달 남짓 지났을 때, 명나라에서 사신이 도착했다. 우왕과 최영은 사신이 또 어떤 무리한 요구를 할지 걱정이 되었다. 그동안 명나라는 온갖 트집을 잡으며 고려를 괴롭혀 왔기 때문이다. 명나라 사신은 거만을 떨며 황제의 명령을 전했다.

"철령 이북은 본래 원나라 땅이었으니, 이제는 명나라 땅이다. 고려는 어찌 명나라의 땅을 차지하고 있는 것인가? 이제부터 철령 이북 땅을 요동과 함께 명나라에 소속시킬 테니 그리 알라."

"아니 이게 무슨 소리요? 철령 이북이라면 선왕이신 공민왕 때 되찾은 쌍성총관부 땅이 아니요? 군사를 일으켜 차지한 땅을 내놓으라니 말도 안 되는 소리요."

우왕은 명나라의 요구에 분노했다. 최영과 의논해서 땅을 내놓을 수 없다고 항의하고, 더 나아가 요동까지 공격하기로 했다. 최영은 이성계를 불렀다. 이성계는 고려의 장군이지만 조상 대대로 철령 이북 땅의 고려인과 여진족을 지배해 왔다. 또 이성계는 귀신 같은 활 솜씨와 탁월한 군대 지휘 능력으로 지금까지 모든 전투를 승리로 이끌어 왔다.

최영은 이성계가 고려의 군대와 여진족 군대를 동원해서 요동을 공격한다면 이길 수 있다고 생각했다. 요동 지역을 차지하지는 못한다 하더라도 최소한 철령 이북의 땅을 내놓지 않아도 될 것이라고 판단한 것이다.

"요동 정벌이라고요? 장군, 그것은 무리입니다."

뜻밖에도 이성계는 강하게 반대했다.

"군사를 모두 끌어모아 요동으로 가면, 남쪽은 누가 지킵니까? 지금 왜구가 호시탐탐 노리고 있다는 걸 잘 아시지 않습니까? 요동을 정벌하러 간 틈에 왜구가 쳐들어오면 어찌시겠습니까? 더구나 곧 장마가 시작됩니다. 군량미는 썩을 것이고, 무기는 녹슬어 쓸 수 없을 것입니다. 꼭 요동을 정벌해야 한다면 겨울에 하도록 하지요. 그때는 추수가 끝나 군량미도 넉넉하고, 강물이 얼어붙어 건너기도 쉽습니다. 지금은 때가 아닙니다."

"이성계 장군, 어찌 그리 약한 소리를 하십니까? 그럼, 지금 철령 이북의 땅을 그대로 내주자는 겁니까? 그 땅이 어떤 땅입니까? 공민왕께서 원나라와 싸워 되찾은 땅인데 그냥 주자는 겁니까?"

"최 장군의 심정을 제가 왜 모르겠습니까? 공민왕께서 쌍성총관부를 공격하고 그 땅을 되찾으실 때 저와 저의 아버님이 앞장을 섰습니다. 저라고 그 땅을 내주고 싶겠습니까? 하지만 우리 고려는 작은 나라이고 명나라는 중국을 다 차지한 큰 나라입니다. 작은 나라가 큰 나라의 눈치를 보는 것은 어쩔 수 없는 일이에요."

"이 장군! 명나라는 이제 막 생긴 나라이니, 큰 전쟁을 벌이기는 어려울 게요. 우리가 요동을 정벌하러 간다고 해서 명나라가 군대를 보내기는 쉽지 않을 겁니다. 우리에게 승산이 있다니까요!"

이성계의 반대에도 우왕과 최영의 결심은 흔들리지 않았다. 고려의 모든 군대가 서경으로 모였다. 요동 정벌군은 모두 10만이나 되었다. 하지만 10만 대군을 지휘하는 총사령관은 최영이 아니라 이성계였다. 우왕이

자기 곁을 지켜 달라며 한사코 최영을 붙잡았기 때문이었다. 또 최영도 이미 70세가 넘어 직접 군대를 이끌기가 힘들었다. 요동 정벌을 간절히 원하는 두 사람은 뒤에 남고, 앞장서서 반대한 사람이 10만 대군을 이끌게 된 것이다. 이성계는 왕명을 받은 장군으로서 어쩔 수 없이 내키지 않는 발걸음을 옮겼다.

이성계의 위화도 회군

1388년 여름, 고려군이 압록강 너머 위화도에 도착했을 때, 장마가 시작되었다. 강물이 불어 말을 타고 강을 건널 수가 없었다. 고려군은 위화도에 갇힌 꼴이 되었다.

"장군님, 군량미에 습기가 차서 썩고 있습니다."

"전염병 증세를 보이는 군사들이 나타났습니다. 빨리 격리시키지 않으면 큰 피해가 생길 것 같습니다."

"장군님, 무기가 모두 녹이 슬고 있습니다. 활도 습기가 차서 사용할 수가 없습니다."

보고를 받고 있는 이성계는 머리가 아팠다.

"내가 뭐랬어. 이럴 거라고 했잖아. 그렇게 반대했던 나만 보내 놓고 뭐 하자는 거야!"

부관인 조민수가 옆에서 함께 한숨을 내쉬었다.

"장군님, 임금님께 사정을 자세히 설명하는 글을 적어 보내시지요. 이 상태로 싸운다는 것은 바보짓입니다."

이성계는 우왕에게 싸우기가 어려우니 돌아가게 해 달라고 글을 올렸다. 우왕은 최영을 불러 의논했다.

"이성계 장군이 싸우기 싫어서 핑계를 대는 것이 아닐까요?"

"한번 전쟁을 일으켰으면 되돌리기가 쉽지 않습니다. 적의 땅을 밟아 보지도 않고 되돌아온다는 것이 말이 됩니까?"

"맞소. 나라가 이렇듯 위기에 처했는데, 날씨 탓을 하며 움직이지 않는 것은 이해할 수 없는 일입니다. 이성계 장군이 언제부터 이렇게 약해졌는지. 왜구며 홍건적과 싸울 때 날씨 좋아서 이긴 건 아니지 않습니까?"

우왕은 무조건 앞으로 나가라는 명령을 내렸다. 이성계는 여러 번 돌아가게 해 달라고 청을 올렸지만 우왕은 허락하지 않았다. 이성계와 조민수는 다른 장군들을 불러 모아 놓고 의논했다.

"아무래도 임금님은 우리를 의심하는 것 같습니다. 앞으로 나갈 수도 없는데, 돌아오지도 못하게 하니 어쩌면 좋을까요?"

"이대로 죽을 수는 없지 않겠습니까. 그냥 돌아갑시다."

"왕명을 어기고 돌아가면 반역이 됩니다."

"사실 이 모든 것은 최영 장군이 우겨서 시작된 것 아닙니까? 최영 장군에게 모든 책임을 물읍시다. 고려의 모든 군대가 우리에게 있는데, 무서울 것이 무엇입니까? 우리 모두는 이성계 장군의 명령에 따를 것입니다."

이성계는 다른 장군들과 뜻을 모아 개경으로 돌아가기로 결정했다. 이 소식을 들은 우왕과 최영은 깜짝 놀랐다.

"분명히 돌아오지 말라고 명령을 내렸는데, 이게 무슨 소리냐? 왕명을 어기다니, 이성계가 반란을 일으켰단 말이냐?"

"용서할 수 없는 반란입니다. 군사를 보내 반란군을 무찌르고 대역죄인 이성계를 잡아 죽여야 할 것입니다."

"하지만 모든 군대를 이성계에게 맡기지 않았소? 우리에게는 10만 대군을 상대할 수 있는 군사가 없지 않소. 이 일을 어찌하면 좋을꼬?"

어느 틈에 개경에 도착한 이성계는 거칠 것이 없었다. 최영을 잡아 귀양 보냈다가 곧 목을 베었다. 우왕을 내쫓고 어린 창왕과 공양왕을 차례로 내세워 꼭두각시 임금으로 삼았다. 이제 이성계의 세상이 열린 것이다.

조준과 정도전

1389년 4월의 아침, 궁으로 향하는 관리들의 발걸음이 분주했다. 오늘은 특별히 중요한 회의가 있는 날이었다. 대사헌인 조준의 마음은 바빴다. 몇 달 전 조준이 왕에게 토지 제도를 바꾸자는 상소를 올린 뒤부터 토지를 개혁해야 하는지, 말아야 하는지 관리들 사이에서 의견이 분분했다. 오늘 높은 관리가 모두 모이는 도당 회의에서 이 문제를 안건으로 삼아 결정을 내리기로 했다. 도당은 국가의 중요한 정책을 논의하고 결정하는 자리였다.

조준이 회의장에 들어가 보니 시중 이색을 비롯해 여러 관리가 벌써 나와 앉아 있었다. 회의가 시작되자 조준이 왜 토지 제도를 개혁해야 하는지에 대해 설명했다.

"다들 아시다시피 백성들이 가지고 있는 토지의 종류에는 공전과 사전이 있습니다. 공전은 국가에 직접 세금을 바치는 것이고, 사전은 관리나 귀족에게 세금을 내는 것이지요. 공전이 많아야 국가 재정이 튼튼해집니다. 그런데 지금 고려의 현실을 보십시오. 권세 있는 사람들이 온갖 방법으로 공전을 없애 자기 사전으로 만들고 있습니다. 이미 세금을 내고 있는 땅인데도 다른 관리가 와서 또 세금을 걷고, 내고 나면 또 다른 귀족이 와서 거듭 세금을 걷으니 백성들이 얼마나 살기 힘들겠습니까?

그동안 토지 제도를 개혁해서 억울하게 땅을 빼앗긴 농민에게 토지를 되돌려 주려고 했습니다만, 사전이 없어지지 않는 이상 농민들의 살림살이는 나아지지 않습니다. 물론 국가에서 걷는 세금도 늘어나지 않지요. 그래서 제가 안을 낸 것입니다. 일단 백성들이 갖고 있는 모든 토지의 세금을 국가가 걷어야 합니다. 다시 말해 사전을 아예 없애 버리는 것이지요. 그리고 벼슬하고 있는 관리에게 알맞은 땅을 주어 세금을 걷도록 해야 합니다. 토지는 백성들에게 돌려주고, 세금은 국가에 내면 백성들의 부담은 덜어지고, 국가의 재정도 튼튼해질 것입니다. 이렇게 하면 관리들도 먹고살 길이 열리니 얼마나 좋은 일입니까."

조준의 말이 끝나자 회의장이 웅성거렸다. 이색이 말문을 열었다.

"대사헌의 말씀에도 일리가 있지만 하루아침에 사전을 없애는 것은 너무합니다. 불법적으로 다른 사람의 토지를 빼앗지 못하게 하고, 말썽이 생긴 토지는 그때마다 조정하면 억울한 백성이 줄어들지 않을까 싶습니다. 사전을 모두 없애는 것에는 반대합니다."

정도전이 버럭 화를 내며 말했다.

"시중의 말씀은 옳지 않습니다. 혹시 시중께서 많은 사전을 가지고 계시기 때문에 그렇게 말씀하시는 거 아닙니까?"

회의는 결론 없이 끝났다.
정도전은 조준에게 말했다.
"옛말에 새 술은 새 부대에 담아야 한다고 했는데, 그 말이 참으로 옳은 것 같습니다."
조준은 무슨 소리인가 하며 정도전을 쳐다봤다.
"자기 재산이 아까워 선뜻 개혁에 찬성하지 못하는 사람들을 보니 하는 말입니다. 제가 보니 대사헌의 의견에 찬성하는 사람들은 사전이 없는 사람들인데, 시중의 편을 드는 사람은 엄청난 사전을 가지고 있는 자들이었습니다. 그런 사람들이 왕의 총애를 받으며 나라를 이끌고 있는데 무슨 개혁이

되겠습니까. 게다가 정몽주는 또 왜 그
런지, 우리 편인 줄 알았는데 결국 한마
디도 안 하고 중립을 지키더군요."

 조준은 다른 생각을 하지 말라며 정도전을
달랬다. 지금 고려에서 제일 큰 권력을 가진
사람은 이성계 장군이고, 이성계가 우리 편이
되어 주는 이상 개혁을 추진하는 데는 어려움이
없을 것이라고 생각했다.

 하지만 정도전은 궁에서 나와 이성계의 집으로
발걸음을 옮기며 마음을 먹었다. 썩어 빠진
이 나라를 뒤엎고 이상적인 나라를
건설하기로 결심한 것이다.

고려가 품은 세계 문화

고려청자와 금속 활자

흙을 곱게 이겨 정성스럽게 빚은 매병을 앞에 두고 도공은 숨을 죽였다. 볼록한 어깨선과 잘록한 허리선이 너무나 아름다웠다. 도공은 모든 신경을 집중해 어린아이 살결처럼 매끄러운 매병 위에 조심스럽게 날카로운 칼을 갖다 댔다. 그가 칼을 움직일 때마다 둥근 달이 떠오르고 구름이 흩어졌다. 그리고 둥근 달을 배경으로 한 마리 학이 날아오르고 있었다.

 칼이 깊이 들어가면 얇은 그릇에 구멍이 생길 것이고 너무 얕게 파면 조각이 되지 않을 것이었다. 알맞은 깊이를 유지하기 위해 도공은 숨을 죽였다. 둥근 그릇을 빙 돌려 가며 빈틈없이 무늬를 판 뒤에 비로소 한숨을 내쉬었다. 이제 파낸 부분을 다른 색깔의 흙으로 메워 넣어야 했다. 푸른 바탕에 흰 학이 선명하게 나타날 수 있도록.

 이렇게 무늬를 넣은 매병을 한 번 구워 낸 뒤 그 위에 유약을 바르고 다시 높은 온도에서 구우면 청자 만드는 작업이 끝난다. 처음에 흙덩어리에 불과했던 것이 청자 상감 운학 무늬 매병으로 태어나는 것이다. 푸르게 빛나는 상감 청자를 손에 든 도공의 눈은 기쁨으로 빛났다. 어지러운 세상 이야기가 꿈속 세상처럼 아련했고, 푸른 하늘을 날아오르는 한 마리 학이 자신처럼 느껴졌다. 한참 꿈속을 노닐던 도공은 자신을 부르는 소리에 깜짝 놀라 정신을 차렸다. 쇠를 다루는 단짝 친구 무쇠였다.

"청자 굽기를 다 마쳤다고 해서 찾아왔다네. 한 서너 달 걸렸는가? 그동안 정성을 들이느라 고생이 많았지? 이게 그 상감 청자이구먼. 참으로 대단하네."

"그 전에는 청동으로 만드는 그릇에나 이런 무늬를 넣었지만, 이제는 자기에도 상감 기법으로 무늬를 넣을 수 있게 되었네. 다양하고 아름다운 무늬를 마음껏 새겨 넣을 수 있으니 얼마나 아름다운지 몰라. 하지만 유약 입히는 것이며 불 때는 것이며 조심스러운 점이 한두 가지가 아니라네."

청자 상감 운학 무늬 매병
그릇 표면을 얇게 파낸 뒤 그 안에 다른 재료를 메워 넣어 무늬를 만드는 방법을 '상감'이라고 한다.
고려인은 세계에서 처음으로 도자기를 상감했다.

"그렇겠지. 천하제일을 자랑하는 고려의 청자가 아닌가. 자네 손은 천하제일의 도공 손이고 말이야."

"무슨 싱거운 소릴……. 참, 자네 몇 달 전에 왔을 때 무슨 쇠 같은 것으로 글자를 만든다고 하지 않았나?"

"얼마 전에 《상정고금예문》이라는 책을 만드는데 나무에 글씨를 새기지 않고 무쇠나 납으로 글자를 만들어 찍을 것이니 한번 만들어 보라고 하더군."

"그래 제대로 되던가?"

"그게 말이지, 쇠에도 착착 달라붙는 신기한 먹물에다 닥나무로 만든 질 좋은 종이까지 있으니 금속으로 글자를 만들어도 책이 찍히더라네. 나는 글자 만드는 것보다 그 먹물과 종이가 더 신기하더구먼. 뭉치지도 않고, 찢어지지도 않고 말이야."

"천하제일 고려청자에다 천하제일 금속 활자까지 나셨구먼."

천하제일의 두 친구가 얼굴을 마주보며 웃었다. 전쟁이 한창인 1230년대, 고려의 임시 수도 강화에서는 세계 최고의 문화가 탄생하고 있었다. 청자에 상감 기법으로 무늬를 새긴 상감 청자와 세계에서 처음으로 금속 활자로 찍어 낸 책《상정고금예문》이 그것이었다.

《상정고금예문》의 기술은《직지심체요절》로 이어졌다. 신라 시대에 만들어진《무구 정광 대다라니경》이 가장 오래된 목판 인쇄본이라면,《직지심체요절》은 가장 오래된 금속 활자 인쇄본이다.

세계 최고의 상감 청자와 세계 최초의 금속 활자는 고려인이 열린 마음으로 세계의 문화를 받아들이되 창조적으로 발전시킨 성과물이었다.

고려의 자랑, 금속 활자

금속으로 활자를 만들어 책을 인쇄하는 것은 고려의 과학과 기술이 높은 수준이었음을 보여 준다. 금속에 잘 달라붙는 유성 잉크와 쉽게 찢어지지 않는 종이는 금속 활자 인쇄에 필수였다.

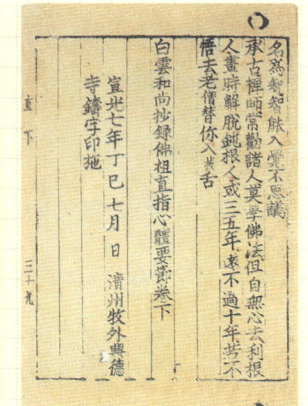

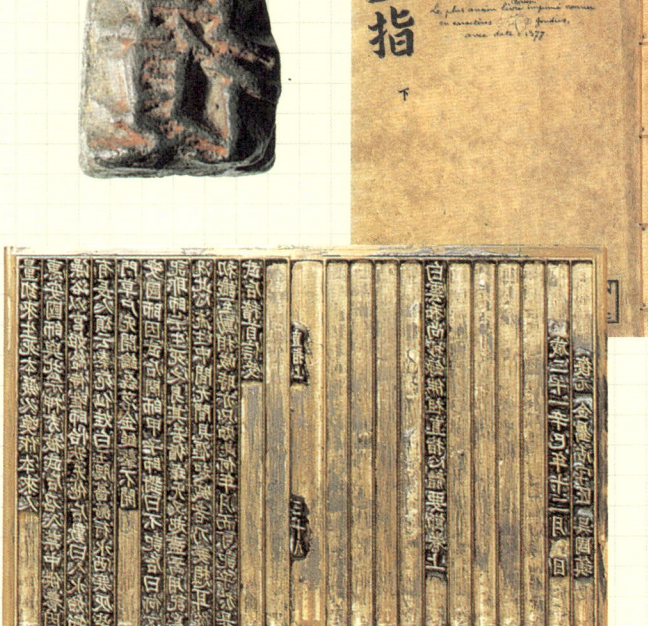

금속 활자와 《직지심체요절》

《직지심체요절》은 1377년에 인쇄한 책으로 금속 활자로 인쇄한 책 가운데 세계에서 가장 오래되었다. 왼쪽은 《직지심체요절》을 인쇄한 금속 활자판과 개성에서 발견된 금속 활자 중 복(復) 자이다.

금속 활자 만드는 과정

❶ 거푸집(활자틀)을 만든다.

❷ 거푸집에 쇳물을 붓는다.

❸ 만들어진 활자를 떼어 낸다.

❹ 판에 글자를 넣어 페이지를 만든다.

신안 앞바다의 보물선

1323년 여름, 중국 양쯔 강에서 출발한 배 한 척이 물살을 가르며 서해를 건너고 있었다. 배의 길이는 34미터, 폭이 11미터, 높이는 4미터쯤 되는 꽤 큰 규모의 돛단배였다. 선장은 배 창고에 실려 있는 화물을 둘러보았다. 창고에는 고려청자를 비롯해서 최고급 중국 도자기, 귀한 약재와 나무, 중국 동전이 가득 실려 있었다. 모두 일본으로 가는 수출품이었다.

"모두 하나같이 귀한 물건이라네. 저 도자기만 잘 팔아도 한밑천 건지는 데는 아무 문제 없을걸세. 이번 항해를 마치고 나면 자네도 한몫 단단히 챙길 수 있겠군."

선장은 옆에 있는 선원을 돌아보며 흐뭇하게 수염을 쓰다듬었다. 원나라에는 외국과 무역을 하는 장삿배가 많았다. 여러 척씩 모여 선단을 이뤄 고려나 일본은 물론 동남아시아와 그 너머까지 뱃길을 주름잡고 있었다. 이들은 주로 도자기, 약재, 쇠붙이, 동전 등을 팔아 돈을 벌었는데, 그 가운데에서도 도자기와 동전이 가장 인기 있는 수출품이었다.

"처음 몽골족이 짓밟을 때만 해도 이런 세월이 올 줄 누가 알았겠어."

"그러게 말입니다. 몽골 덕분에 이슬람까지 형제 나라가 되었으니

무역하는 사람들이 제일 살판난 것 같습니다."

선원이 맞장구를 쳤다. 선원의 말처럼 세계에서 가장 발달한 중국의 경제력과 세계 최고를 자랑하는 이슬람의 무역망이 합쳐지자 전 세계를 한 나라처럼 다닐 수 있었다. 이 넓은 세계를 하나로 만든 것이 바로 몽골이었다. 고려의 충혜왕도 이러한 세계 무역망을 이용해 장사를 할 정도로 몽골의 이름 아래 세계는 한층 더 가까워졌다.

선장과 선원이 이야기하는 동안 배가 심하게 흔들렸다. 선장은 한달음에 갑판 위로 올라갔다. 바람이 심상치 않았다.

"폭풍이 몰려옵니다. 선장님!"

"어서 돛을 접어라. 밧줄을 조이고. 서둘러!"

"선장님, 배가 고려 신안도 쪽으로 흘러가고 있습니다."

"거긴 작은 섬이랑 암초가 너무 많아 위험하다. 방향을 돌려야 해."

"풍랑이 너무 거세서 안 될 것 같습니다."

배가 새겨진 청동 거울
고려와 중국에서는 청동 거울을 많이 만들었다.
거울 뒷면에 새겨진 배는 고난을 헤치고 세계를 향해
나아가는 고려인의 모습을 닮았다.

물살이 거센 신안 앞바다 도덕도 앞에서 결국 배가 부서지기 시작했다. 여러 사람의 꿈과 수많은 보물을 간직한 배는 남해 깊숙이 가라앉고 말았다. 600년도 훨씬 더 지난 어느 날 고기잡이하던 어부가 보물을 발견할 때까지 긴 잠을 자게 된 것이다. 배와 함께 가라앉은 백자 접시에는 마치 자신의 운명을 예언하듯 시가 한 구절 적혀 있었다.

흐르는 물은 이리도 급한데,
깊은 궁궐과 두메 밭은 한가롭구나.

청백자 보살상
중국 원나라에서 만든 보살상이다.
선원들이 안전하게 항해하고 건강하게 돌아오기를
기원하며 배에 실었던 것은 아닐까.

중국 동전
약 28톤, 800만여 개가 출토되었으며, 동전의 종류는 화천에서 지대통보에 이르기까지 299종에 달한다.

나무패
물건의 주인과 종류 등이 표시되어 있다.

신안 해저 유물선
1976년 전라남도 신안 앞바다에서 발견된 중국 무역선이다. 1323년 중국에서 일본으로 가던 길에 고려 앞바다에서 침몰했다. 동아시아 무역품의 종류를 알려 주는 유물이 함께 발견되었다.

목화를 피워 낸 문익점과 정천익

오늘도 문익점은 뜰에 나와 봄에 심어 놓은 목화를 살펴보았다. 원나라에서 봤던 목화는 아침이면 꽃봉오리가 맺혀 한낮이면 하얀 꽃이 피었다가 저녁이면 자주색을 띠며 져 버리는 신기한 꽃이었다. 꽃이 진 자리에 열매가 맺는데, 그 열매가 하얀 꽃처럼 보이는 목화솜이었다. 그런데 이상하게도 문익점이 심은 목화는 꽃을 피울 생각을 하지 않았다.

몇 년 전 원나라에 파견되었던 문익점은 돌아올 때 목화씨를 한 움큼 주머니에 넣어 가지고 왔다. 마을마다 하얗게 피어 있는 목화가 신기하기도 했고, 부드럽고 폭신폭신한 목화솜으로 따뜻한 옷을 지어 입는다는 말을 들었기 때문이었다. 겨울이 되면 삼베옷과 짐승 가죽으로 몸을 가리며 추위를 견디는 고려인들이 따뜻한 솜옷을 입는다면 얼마나 좋을까 하는 생각이 들었었다.

목화씨 절반은 장인인 정천익에게 맡겨 놓았는데 다행히 한 그루에 꽃이 피었다는 연락이 왔다. 문익점과 달리 정천익은 솜씨 있게 목화를 키워 냈다.

3년 뒤 문익점이 가 보니 커다란 밭에 하얀 목화가 가득 피어 바람에 하늘거리고 있었다. 마치 구름이 내려앉은 듯 보였다.

"정말 대단하십니다. 이렇게 목화가 많다니…… 저는 한 그루도 꽃을 피우지 못했는데."
"처음에는 환경이 달라서 그런지 잘 자라지 않았는데, 일단 한번 씨앗을 맺으니 이렇게 잘 자라네그려. 그런데 솜을 만드는 방법도 모르고 실을 뽑는 법도 모르니 어떻게 옷을 지어 입겠나?"
"장인어른, 저기 서 있는 스님 보이세요? 원나라 승려 같은데 목화밭을 보며 울고 있네요. 무슨 사연일까요?"

 두 사람은 원나라 승려를 집으로 초대했다. 승려는 매우 기뻐하며 두 사람을 따라왔다.

"고향을 떠난 지가 벌써 몇 년입니다. 그런데 이 마을에 와서 목화밭을 보니 마치 고향에 온 것 같은 느낌이 들어서 그만 눈물을 보이고 말았습니다. 고려에서 목화를 다시 보다니 꿈만 같군요."
"스님, 제가 4년 전에 원나라에 갔을 때 목화로 따뜻한 옷을 만들 수 있다는 말에 씨 몇 개를 얻어 온 것입니다. 혹시 어떻게 실을 뽑고 옷을 만드는지 알고 계시는지요?"
"허허. 보통 실을 잣고 옷감을 짜는 일은 여자들의 몫이지요. 목화로 짠 옷감을 면이라고 합니다. 다행히 제가 좀 알고 있습니다. 손재주 있는 계집종을 하나 보내 주시면 가르쳐 드리겠습니다."

 두 사람은 서로 얼굴을 마주 보며 기뻐했다. 다음 날 바로 큰년이를 불러 목화에서 씨를 빼고, 솜을 틀고, 실을 뽑고, 옷감을 짜는 법을 배우게 했다. 부지런히 솜씨를 익힌 큰년이가 이번에는 다른 동네 아낙들에게 기술을 가르쳤다. 몇 년이 지나자 온 마을에서 목화를 키워 솜을 만들고 목면을 짜게 되었다.

면은 땀을 잘 흡수하고 통풍이 잘 되어 여름에 입으면 시원한 옷이 되었다. 또 겨울에는 면과 면 사이에 솜을 두툼하게 넣어 누비옷을 만들면 너무나 따뜻한 솜옷이 되었다.

"이제 겨울에 얼어 죽을 걱정을 덜었어. 솜으로 이불을 만들면 그렇게 포근하고 따뜻할 수가 없더라고."

"이 모든 게 다 문익점 어른과 정천익 어른 덕분이야."

"아이구 서운하네. 큰년이는 왜 빼요? 구슬이 서 말이라도 꿰어야 보배지. 막상 옷이나 이불 만드는 기술을 가르쳐 준 건 큰년이고 우리 집 옷을 만든 건 나라고요."

"판쇠 어멈 말이 맞소, 맞아."

따뜻한 솜옷은 목화와 함께 널리 퍼졌다. 얼마 지나지 않아 온 나라 사람들은 면과 솜으로 옷을 지어 입게 되었다. 원나라에서 들여온 목화씨 몇 개가 고려인의 의생활을 획기적으로 바꿔 놓았다.

문익점은 한때 죄인의 몸이 되어 관직을 빼앗기고 귀양살이를 했지만, 목화를 들여온 공을 인정받아 죄를 용서받고 다시 벼슬을 받았다. 목화가 고려인의 생활에 얼마나 중요한 변화를 가져왔는지 나라에서도 인정한 것이다.

실 잣고, 베짜기

고려 시대 사람들은 필요한 것은 무엇이든 만들어서 써야 했다. 농사를 지어 먹을 것을 만들어 내듯 실을 뽑고 옷감을 짜고 바느질을 해서 입을 것을 만들었다.

물레질
실을 만드는 작업이다. 솜을 말아 고치를 만들고 이 고치를 물레로 자아 실을 뽑아낸다.

풀 먹이기
베틀질을 하기 전에 실에 풀을 먹이고 있다.
풀을 먹여야 실이 빳빳하고 튼튼해져서 잘 끊어지지 않는다.

옷감 짜기
옷감 짜는 기계를 '베틀'이라고 한다. 씨실과 날실이 교차하면서 옷감이 된다. 실 한 올 한 올을 베틀에 잘 끼워 넣어야 제대로 된 옷감이 나온다.

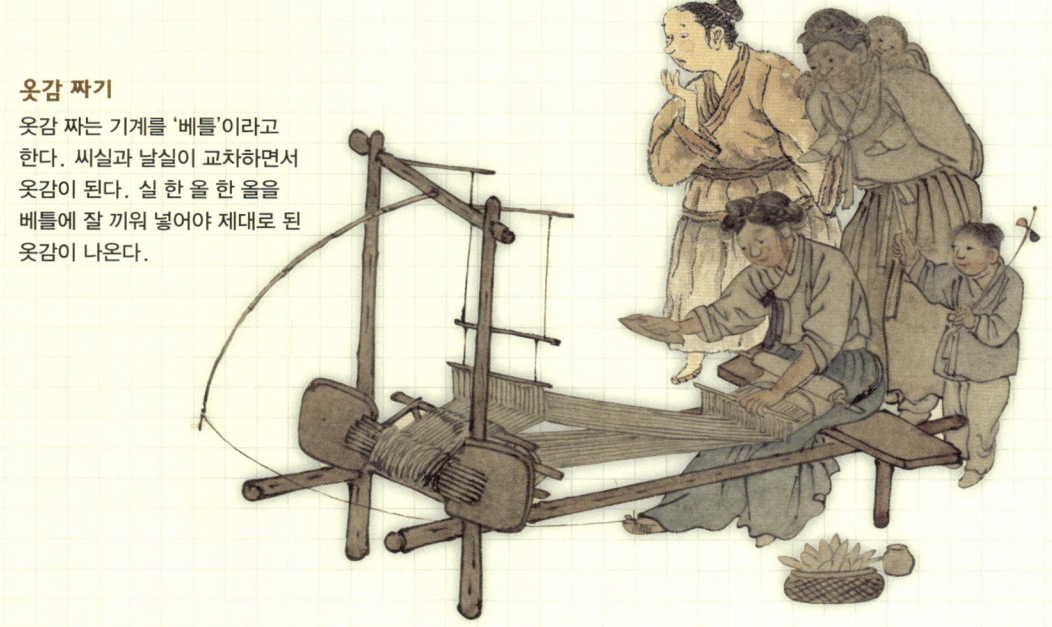

만약에

목화씨를 들여오지 않았다면?

고려 말 문익점은 우리나라에 처음으로 목화씨를 들여와 재배하는 데 성공해 의복 혁명을 일으켰다. 문익점이 목화씨를 들여오지 않았다면 우리나라 사람들은 어떤 옷감으로 옷을 지어 입었을까?

열 살 난 판쇠는 겨울이 제일 싫었다. 과일이나 나물이 사라져 먹을 것이 드문 것도 싫었지만 무엇보다 추위가 너무 매서웠다. 여름에 풀썩풀썩 베어 내 듬성듬성 짠 삼베옷은 아무리 겹쳐 입어도 겨울바람이 숭숭 들어왔다. 며칠 전에 산에서 잡은 토끼털로 조끼라도 만들어 보고 싶었지만 토끼가 얼마나 작은지 대여섯 마리는 잡아야 등판이라도 가릴 수 있을 것 같았다. 게다가 엄마도 아빠도 모두 바쁘다고 하면서 토끼 가죽을 손질해

주지 않으셨다. 가죽을 벗겨 내는 일도 어려웠지만, 손질을 잘못하면 바로 구멍이 나서 못 쓰게 되기 때문에 어린 판쇠는 함부로 손을 댈 엄두를 내지 못했다.

맨발에 짚신을 신고 산과 들을 뛰어다니다 보면 어느새 짚신은 다 닳아 버렸다. 꽁꽁 언 돌에 발이 살짝이라도 닿으면 얼어서 쩍쩍 붙어 버리는 일도 많았다. 손이나 발은 겨울만 되면 동상이 걸려 얼어 터졌다. 지체 높은 분들은 겨울이면 비단으로 맵시를 냈다. 비단은 색깔도 예쁘지만 따뜻하고 촉감이 좋았다. 하지만 판쇠는 삼베옷 아니면 털가죽뿐이었다.

그러던 어느 날, 아버지가 이상한 풀을 키우기 시작했다. 목화라는 풀이었다. 연한 노랑색이나 분홍색을 띤 꽃이 아주 예뻤다. 꽃이 지고 나면 이상하게도 하얀 꽃 같은 열매가 열렸다. 9월이면 목화밭은 온통 흰색으로 뒤덮였다. 마치 구름이 내려앉은 듯했다. 그 하얀 것이 솜이라고 했다.

몇 년 뒤에는 엄마가 큰년이 누나에게 베 짜듯이 면 짜는 법을 배웠다. 동네 아주머니들이 모여 하얀 솜으로 실을 만들고 그 실로 다시 옷감을 만들었다. 겨울밤을 꼬박 새워 엄마는 솜저고리와 솜바지를 만들어 주셨다. 처음 솜저고리를 입었을 때, 판쇠는 눈물이 날 만큼 신이 났다. 구름처럼 포근하고 따스한 것이, 아무리 세찬 바람이 불어도 끄떡없을 것 같았다. 목면으로 발을 칭칭 감고 나서면 돌에 발을 대도 달라붙지 않았다. 판쇠는 이제 겨울이 전처럼 싫지 않았다.

"만약에 목화도 없고 솜도 없었다면 우린 어떻게 살았을까요?"

판쇠가 아버지에게 여쭤 보았다.

"그러게 말이다. 목화랑 솜 덕분에 얼어 죽는 사람이 많이 줄었단다. 그 전에는 겨울마다 몇 명씩 꼭 얼어 죽는 사람이 있었는데……."

판쇠 아버지가 판쇠의 머리를 쓰다듬으며 말씀하셨다.

"그나마 우리는 온돌이라도 있었으니 얼어 죽지 않고 살았지. 우리보다 형편이 어려운 사람들은 겨울을 살아 내기가 힘들 게다."

판쇠는 솜저고리를 꼭 끌어안고 자리에 누워 생각했다.

'변변치 않은 풀처럼 보였는데 사람을 살리는 풀이었구나. 정말 고마운 풀이구나.'

연표

우리나라

1219년	몽골과 처음 만나다.
1231년	몽골의 1차 침입이 시작되다.
1232년	강화로 수도를 옮기다.
	몽골의 2차 침입이 시작되다.
	김윤후, 처인 부곡 사람들과 항전해 몽골 장수 살리타이를 죽이다.
1234년	금속 활자로 《상정고금예문》을 펴내다.
1236년	대장경을 새기기 시작하다.
	이규보, 《동국이상국집》을 쓰다.

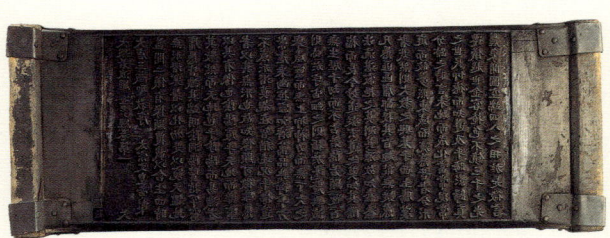

1238년	몽골의 침략으로 경주의 황룡사탑을 비롯해 많은 문화재가 불에 타다.
1258년	최씨 무신 정권이 무너지다.
1259년	나중에 원종이 되는 태자가 쿠빌라이를 만나다.

다른 나라

1206년	칭기즈 칸, 몽골을 통일하다.
1215년	영국, 마그나카르타(대헌장)를 만들다.

1270년	고려 정부, 개경으로 돌아오다.
	삼별초, 몽골에 대항해 항쟁을 시작하다.
	1271년
	쿠빌라이, 원나라를 세우다.
1274년	고려와 원나라의 연합군, 1차 일본 정벌을 떠나다.
	1279년
	남송, 멸망하다.
1281년	고려와 원나라 연합군, 2차 일본 정벌을 떠나다.
1285년	일연, 《삼국유사》를 쓰다.
	1299년
1295년	탐라를 제주로 고치다.
	마르코 폴로, 《동방견문록》을 쓰다.
1304년	안향의 주장을 받아들여 국학에 대성전을 만들다.
	1309년
	교황, 프랑스 아비뇽에 갇히다.
1308년	충선왕, 심양왕에 봉해지다.
	1321년
1314년	충선왕, 연경에 만권당을 세우고 학자들을 모으다.
	단테, 《신곡》을 완성하다.
	1338년
	일본, 무로마치 막부를 세우다.
	영국과 프랑스, 백년 전쟁을 시작하다.
	1340년
	고려인 기씨, 원나라의 황후가 되다.

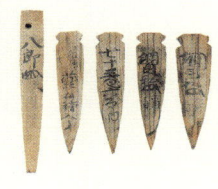

1356년	쌍성총관부를 되찾다.
1359~1361년	홍건적이 쳐들어오다.
1361년	이성계, 홍건적을 크게 무찌르다.
1363년	문익점, 원나라에서 목화씨를 들여오다.
1366년	신돈, 전민변정도감을 설치하다.
1374년	공민왕, 신하에게 죽임을 당하다.
1376년	최영, 왜구를 물리치다.
1377년	최무선의 건의로 화약 무기를 만들다. 금속 활자로 《직지심체요절》을 펴내다.
1388년	이성계, 위화도에서 군사를 돌리다.
1389년	박위, 쓰시마 섬을 정벌하다.
1392년	고려 멸망, 조선이 세워지다.

1368년
명나라, 원나라를 내쫓고 중국을 차지하다.

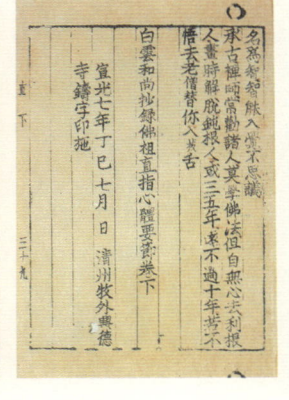

사진 자료 제공

간송미술관
청자 상감 운학 무늬 매병(125쪽)

국립민속박물관
족두리(65쪽)

국립중앙박물관
《삼국사기》와 《삼국유사》(43쪽),
경천사 10층 석탑(89쪽), 〈천산대렵도〉(93쪽),
금속 활자(127쪽), 나무패(131쪽),
중국 동전(131쪽)

권태균
충주성(23쪽), 팔만대장경 장서각(36쪽)

문화재청
향파두리성(30쪽), 장생표(85쪽)

안동소주박물관
소줏고리(65쪽)

일본 궁내청 산노마루 쇼조칸
〈몽고습래회사〉(56쪽)

일본 친왕원
〈미륵하생경변상도〉(81쪽)

《조선 유적 유물 도감》
배가 새겨진 청동거울(129쪽)

《한국의 복식 문화》
철릭 입은 모습(64쪽)

《한국 초상화 연구》
이제현(84쪽)

호암미술관
〈수월관음도〉(46쪽), 〈아미타 삼존도〉(47쪽)

- 저작권자를 찾지 못해 게재 허락을 받지 못한 일부 사진에 대해서는 저작권자가 확인되는 대로 허락을 받고 사용료를 지불하도록 하겠습니다.

찾아보기

ㄱ

가락국기 • 42
강감찬 • 14
경천사 10층 석탑 • 88
고려 가요 • 74
고려청자 • 46, 126, 128
공민왕 • 54, 92, 100, 115
공양왕 • 120
공전 • 120, 121
〈관음보살상〉• 46
권문세족 • 71, 82, 98, 107
금속 활자 • 46, 126
기철 • 94, 101
기황후 • 74, 94, 105
김경손 • 14, 15
김방경 • 30, 58
김부식 • 41
김세충 • 17
김용 • 100
김윤후 • 23
김준 • 28
김천 • 31
김통정 • 30

ㄴ

노국 대장 공주 • 54, 105

ㄷ

다루가치 • 67
단군왕검 • 40
대장경 • 34
덕흥군 • 101, 102
도당 회의 • 120
《동방견문록》• 75

ㅁ

마니산 • 39
마르코 폴로 • 63, 75
만권당 • 78, 80
목화 • 132
몽골 • 12, 14, 25
몽케 • 26
《무구 정광 대다라니경》• 126
무신 정변 • 28
무종 • 69
문익점 • 132, 134, 136

ㅂ

박서 • 14
박충좌 • 78, 80
배중손 • 28, 29
백이정 • 80
부원 세력 • 70, 83, 98

ㅅ

살리타이 • 13, 22, 24
《삼국사기》• 41, 43
《삼국유사》• 41, 43
삼별초 • 28, 30, 67
상감 기법 • 125
《상정고금예문》• 126
〈수월관음도〉• 46
시중 • 120, 121
신돈 • 103, 104
신안 해저 유물선 • 130
신풍 • 58
쌍성총관부 • 59, 96, 114

ㅇ

〈아미타 삼존도〉• 47
안향 • 44, 80
역참 • 62
염흥방 • 112, 113
왕고 • 70
왕사 • 103
왕원 • 60, 68
왜구 • 98, 110
우왕 • 112, 115, 117, 120
원종 • 28, 50
위화도 • 116

이강달 • 100
이방실 • 100
이색 • 80, 85, 104, 120
이성계 • 78, 95, 100, 115
이숭인 • 104
이원 • 108, 109
이인임 • 112, 113, 114
이자춘 • 95, 96
이제현 • 78, 82, 92, 104
이차돈 • 42
일연 • 41
임견미 • 112, 113

ㅈ
장생표 • 85
전민변정도감 • 104
정도전 • 80, 121, 123
정동행성 • 59, 71, 72, 94
정몽주 • 80, 104, 123
정천익 • 132, 134
제국 대장 공주 • 50, 52, 76
조맹부 • 78, 80
조준 • 120, 123
《직지심체요절》• 126
진포 싸움 • 112

ㅊ
참성단 • 39, 40
창왕 • 120
처인성 • 23
〈천산대렵도〉• 93
철릭 • 64
청동 거울 • 128
천자 상감 운학 무늬 매병
 • 125
초적 • 22
초조대장경 • 34
최만생 • 107
최무선 • 108, 110
최영 • 98, 112, 117, 120
최우 • 17, 20, 35
충렬왕 • 45, 52, 67
충목왕 • 59, 88
충선왕 • 54, 60, 68, 78
충숙왕 • 54, 70
충주성 • 22
충혜왕 • 54, 75, 93, 128
칭기즈 칸 • 12, 13

ㅋ
카이산 • 69
쿠빌라이 • 26, 50, 63

ㅌ
태자 • 26, 27
투만아르 • 71

ㅍ
파발마 • 61
팔만대장경 • 36, 38, 46
팔작지붕 • 89
평주성 • 16

ㅎ
해동청 • 60
〈헌화가〉• 42
호복 • 64
홀라대 • 76
홍건적 • 98, 100, 104
홍규 • 72
홍륜 • 107
화약 • 109, 112
화통도감 • 110
화포 • 110, 111
환웅 • 40
황산 대첩 • 112
후삼국 • 38
흥왕사 • 100

143

제대로 한국사 4 세계 속의 코리아

1판 1쇄 발행일 2008년 7월 20일
개정판 1쇄 발행일 2015년 10월 26일
개정2판 2쇄 발행일 2022년 4월 29일

지은이 전국역사교사모임

발행인 김학원
발행처 휴먼어린이
출판등록 제313-2006-000161호(2006년 7월 31일)
주소 (03991) 서울시 마포구 동교로23길 76(연남동)
전화 02-335-4422 **팩스** 02-334-3427
저자·독자 서비스 humanist@humanistbooks.com
홈페이지 www.humanistbooks.com
유튜브 youtube.com/user/humanistma **포스트** post.naver.com/hmcv
페이스북 facebook.com/hmcv2001 **인스타그램** @human_kids

편집 박민영 **디자인** 유주현 고문화 AGI **일러스트** 백보현 인강 임근선
용지 화인페이퍼 **인쇄** 삼조인쇄 **제본** 정민문화사

글 ⓒ 전국역사교사모임, 2008
ISBN 978-89-6591-409-9 74910
ISBN 978-89-6591-405-1 74910(세트)

- 이 책은 《행복한 한국사 초등학교 4》의 개정판입니다.
- 이 책은 저작권법에 따라 보호받는 저작물이므로 무단 전재와 무단 복제를 금합니다.
- 이 책의 전부 또는 일부를 이용하려면 반드시 저작권자와 휴먼어린이 출판사의 동의를 받아야 합니다.
- **사용 연령 8세 이상** 종이에 베이거나 긁히지 않도록 조심하세요. 책 모서리가 날카로우니 던지거나 떨어뜨리지 마세요.

선생님들이 가장 많이 추천한 이보다 좋을 수 없는 최고의 한국사!

이렇게 재미있는 역사책이 있었던가? 꼭 있어야 할, 그리고 꼭 있었으면 하는 내용과 자료가 들어 있는 구성 덕분에 부모와 교사도 아이와 함께 읽으면 좋다. 흥미진진하고 역사 고증에도 충실한, 말 그대로 이보다 좋을 수 없는 한국사 교양서이다.
― **김성전** 서울수리초등학교 교사

《제대로 한국사》는 재미있고 풍성하다. 무엇보다 생동감이 있어서 마치 영화를 보고 있는 듯한 착각에 빠져든다. 인물, 사건, 제도가 아니라 조상들의 지혜, 용기, 희망 등을 전하고자 하는 역사 선생님들의 노력이 느껴진다. 역사를 왜 공부해야 하는지, 역사가 미래에 어떤 도움이 될지 잘 알려 주는 책이다.
― **이강무** 서울인창중학교 교사

5학년 사회 수업 보조 교재로 꼭 안성맞춤인 역사책이다. 한국사를 이해하는 데 꼭 필요한 내용만 엄선해 쉽게 썼다. 교과서의 흐름에 맞춘 탄탄한 내용 구성은 아이들이 역사를 이해하는 데 도움을 주고, 여러 인물의 이야기는 아이들이 역사에 더 가깝게 다가가도록 돕는다.
― **김형도** 광주새별초등학교 교사

"역사를 잊은 민족에게 내일은 없다." 아이들에게 역사를 제대로 가르쳐야 하는 까닭도 바로 여기에 있다고 생각한다. 교과서만으로는 우리 역사를 깊이 알기 어렵다. '제대로 된' 역사책으로 우리 아이들에게 역사를 알아 가는 기쁨을 주고 싶다.
― **진현** 화성제암초등학교 교사

《제대로 한국사》는 오랫동안 학생들을 가르쳐 온 역사 선생님들이 아이들의 눈높이에 맞춰 흥미로운 이야기로 역사를 들려준다. 아이들이 역사 속으로 푹 빠져 재미있게 읽으면서 동시에 역사 공부도 할 수 있는 멋진 책이다.
― **최운** 남양주판곡초등학교 교사

흥미진진한 자기 주도 역사책. 사료에 기반한 역사적 사실들이 생동감 있게 아이들의 눈앞에 펼쳐진다. 교과서의 어려운 용어와 개념보다 생생한 과거 '사람들의 이야기'가 되살아난다. 아이들이 고개를 끄덕이며 쉽게 읽을 수 있는 진정한 드라마이다.
— **맹수용** 의정부중학교 교사

어려운 역사적 용어와 개념을 딱딱한 단어들 앞에 묶어 두지 않고 백성들의 소리로 전달했다. 아이들이 술술 읽으면서 옛사람들이 살았던 시대와 삶을 생생하게 경험해 볼 수 있는 책이다. 이 책에는 아이들이 가진 역사에 대한 거부감의 원인이 무엇인지 알고, 그것을 해결하려 고민한 흔적이 여실히 드러나 있다.
— **나해린** 양주고등학교 교사

교과서 속 인물들이 책에서 빠져나와 살아 움직이며 활기 넘치는 모습으로 이야기를 전해 준다. 역사가 재미없는 과거 사실의 나열이 아니라, 나와 같은 사람들이 울고 웃으며 생활했던 모습이 담겨 있는 옛날이야기라는 것을 보여준다.
— **손언희** 김해삼성초등학교 교사

굵직한 역사적 사건들을 작은 역사적 사실과 연결해 역사를 쉽게 만나게 한다. 역사책은 딱딱하다는 고정 관념을 버릴 수 있게 한 구성이 마음에 든다. 역사를 처음 만나는 아이들에게는 눈높이 역사 교과서이고, 학부모에게는 흥미진진한 역사 교양 안내서이다.
— **김동국** 부산정관초등학교 교사

내 친구들의 이야기, 내 이웃의 이야기를 읽는 것 같아 친근하다. 그러면서도 주변 사람과의 관계를 생각하게 하고, 사회와 나의 관계, 더 나아가 세계 속의 나를 생각해 볼 수 있게 하는 책이다. 한 편의 이야기를 읽듯 쉽고 재미있다.
— **배병록** 서천초등학교 교사